COLLOQUIAL
POLISH

The Colloquial Series

The following languages are available in the Colloquial series:

Albanian	Japanese
Amharic	Korean
Arabic (Levantine)	Latvian
Arabic of Egypt	Lithuanian
Arabic of the Gulf and	Malay
Saudi Arabia	Norwegian
Basque	Panjabi
Bulgarian	Persian
*Cambodian	Polish
*Cantonese	Portuguese
*Chinese	Romanian
Czech	*Russian
Danish	Serbo-Croat
Dutch	Slovak
English	Slovene
Estonian	Somali
French	*Spanish
German	Spanish of Latin America
*Greek	Swedish
Gujarati	*Thai
Hindi	Turkish
Hungarian	Ukrainian
Indonesian	*Vietnamese
Italian	Welsh

Accompanying cassette(s) are available for the above titles.

*Accompanying CD(s) are also available.

COLLOQUIAL POLISH

B. W. Mazur

London and New York

First published 1983
by Routledge & Kegan Paul
Reprinted in 1986

Reprinted in 1988, 1991, 1992, 1994, 1995, 1996 and 1997
by Routledge
11 New Fetter Lane, London EC4P 4EE
Simultaneously published in the USA and Canada
by Routledge
29 West 35th Street, New York, NY 10001

© 1983 B. W. Mazur

Typeset in Times by Input Typesetting Ltd, London
Printed and bound in Great Britain by The Guernsey Press Co. Ltd, Guernsey,
Channel Islands

British Library Cataloguing in Publication Data
A catalogue record for this book is available from the British Library

Library of Congress Cataloguing in Publication Data
A catalogue record for this book is available from the Library of Congress

ISBN 0–415–01861–7 (book)
ISBN 0–415–01858–7 (cassette)
ISBN 0–415–00078–5 (book and cassette pack)

To Laura

CONTENTS

PART THREE READING PASSAGES, GRAMMAR
REFERENCE AND VOCABULARY

PREFACE

The aim of this book is to provide a comprehensive introduction to the vocabulary and structures of modern Polish. It is intended to serve as an intensive course for new learners and as a short but detailed review of first principles for teachers, students preparing for examinations or those who have forgotten the Polish they once knew. The interested traveller may pick and choose from among those sections of the book which are of most practical or immediate interest.

Part I of the book (Introduction) introduces the sounds and spellings of Polish, gives a short guide to pronunciation and includes some useful words, phrases and expressions. Written approximations of sounds are necessarily simplistic. Obviously the best way of learning the pronunciation of any language is to listen to it being spoken.

Part II consists of twenty lessons systematically covering the basic vocabulary and grammatical structure of the language. Points of grammar are introduced progressively in building-block fashion. They are illustrated by examples of common usage, texts and tested by exercises. You can check the answers from the Key at the back of the book. Most of the texts are in the form of short, practical conversations but there are examples of prose and, at the end, passages from modern Polish literature. Vocabulary, whenever possible, has been introduced thematically to allow for easier reference and assimilation.

Part III concludes with a selection of reading passages including examples of proverbs, idioms and slang, a short grammar reference section, a subject index of grammatical material, and an English-Polish vocabulary.

Pronunciation examples, conversations and passages recorded on the accompanying cassette are marked with a ■ in the margin at the appropriate point in the text.

A new language cannot be swallowed and digested like a pill. It requires effort and practice, a willingness to learn not only new words but new concepts and new attitudes. Having worked through this introduction the reader will have laid a foundation and perhaps found also the stimulus for further study of one of the modern languages in Europe.

Note to the revised reprint of 1992

I am grateful to all those who have suggested improvements and pointed out inaccuracies and misprints in earlier editions.

The opportunity has been taken to revise some matter, mainly vocabulary, in the light of the recent changes in Poland and Eastern Europe.

PART ONE

INTRODUCTION

PRONUNCIATION

Polish pronunciation is easier than may at first sight appear. Learners may shake their heads when confronted with words like **Szczecin**, **Bydgoszcz** or **Śląsk** but foreign learners of English face greater difficulties with Gloucester, Leicester or Slough.

Compared to English Polish spelling is consistent. Although there are deviations, each letter on the whole corresponds to one sound. Some sounds are represented by two letters; others are indicated by an additional accent or sign.

Look carefully at the alphabet and the following explanations.

■ THE ALPHABET

A a	I i	R r	Sounds represented
Ą ą	J j	S s	by two letters
B b	K k	Ś ś	ch
C c	L l	T t	dz
Ć ć	Ł ł	U u	dź
D d	M m	W w	dż
E e	N n	Y y	cz
Ę ę	Ń ń	Z z	sz
F f	O o	Ź ź	rz
G g	Ó ó	Ż ż	
H h	P p		

The letters **q v x** are not used in Polish except in foreign words or as symbols. In dictionaries the double letters appear under the initial letter e.g. **ch = c + h**. All other letters follow in alphabetical order, as above.

■ VOWELS

In Polish, all vowels must be pronounced clearly and accurately. IMPORTANT: there is no variation in their pronunciation as in English. The second o in Boston or Oxford is pronounced in Polish in exactly the same way as the first o; **metal** (same meaning) is pronounced **met – al** NOT **metl**.

a	as in slack	tak matka gazeta
e	as in egg	herbata mebel
i	as in eel	ile pani list
o	as in lock	on okno osoba
u ⟩	as in rule,	usta mur kula
ó ⟨	cool	Bóg góra sól
y	as in myth but deeper	my syn rynek

Practice

Europa	student	król (krrOOL)
(E-oo-RRO-pah)	(sTOO-dent)	
kolega	Polska	kino (KEE-noh)
(ko-LE-gah)	(POHL-skah)	

Nasal vowels

The nasal vowels **ą** and **ę** are a characteristic of Polish. These sounds havė no exact equivalent in English.

ą	nasal on	like **aw** in prawn or **on** in song
ę	nasal en	like **en** in Bengal with a trace of **w** e.g. Bewngal

Contrary to the general rule of one letter one sound these two vowels are rarely pronounced as true nasals. The following is a simplified guide:

Before **b** and **p**
ą = **om** trąba (trrOM-bah), kąp (kOMp)
ę = **em** bęben (bEM-ben), sęp (sEMp)

Otherwise
ą = **on** kąt (kONt), mąka (mON-kah)
       wątroba (von-trrO-bah), wąs (vONs)

ę = en ręka (rrEN-kah), okręt (o-krrENT)
    kolęda (ko–lEN-dah), lęk (lENk)

In colloquial speech ę, at the end of a word, is usually pronounced as normal e.

■ CONSONANTS

The following consonants are pronounced very much as in English:

b	bread blood	brat bilet bomba
	final b like p	klub grób dąb
d	dog did	dom doktor data
	final d like t	ogród pod lud
f	fact form	fakt forma film
g	get gone	gazeta gaz grupa
	final g like k	Bóg róg nóg
k	keg kit	kawa kot kino
l	let lift	lampa list Londyn
m	mat mess	matka minuta mapa
n	net nose	nos noga naród
p	pot pepper	pan para Polska
s	supper stop	sobota sen sklep
t	ten top	tam telefon ton
z	zoo zone	zupa zero zegarek
	final z like s	raz obraz mróz

The sounds below exist in English but are pronounced or rendered differently:

c	as ts in bits	cena centrum noc
h / ch	hard h in Scottish loch	chmura dach herbata
j	as y in yes	ja jutro strajk
ł	as w in wet	łach ład słowo
r	hard and rolled	rok rower robota
w	English v	woda wino kawa
	final w like f	lew staw słów

Hard and soft consonants

Almost all Polish consonants have a hard and soft pronunciation.

The pronunciation of hard consonants (**brat** 'brother'; **kot** 'cat'; **dom** 'house') corresponds to English pronunciation of bed – pepper – tank.

Soft consonants are those followed by **i**: **piwo** (pEE-voh) 'beer'; **kino** (kEE-noh) 'cinema'; **wiza** (vEE-zah) 'visa'; or those with an accent: **ć ń ś ź dź** (see below).

But note: when followed by another vowel **i** adds to the consonant a trace of the sound of **y** in yes but is no longer pronounced as a separate syllable:
pies 'dog' is pronounced **pYEs not pEE-es**. Similarly **niebo** (nYE-boh) 'sky', **piasek** (pYA-sek) 'sand'. Compare the French Pierre, English piano.

Take special care because hard and soft pronunciation can distinguish between words: **bić – być** 'to beat – to be'; **piasek – pasek** 'sand – belt'; **mieć – mecz** 'to have – match (e.g. football)'.

The following consonants are always hard. Remember that the two letters represent one sound:

■ **cz**　hard ch in **ch**ug, **ch**urch　　czas czek gracz
　sz　hard sh in **sh**op, **sh**ekel　　szal szef szafa
　rz ⎫　hard g in gendarme　　rzeka morze żona
　ż ⎬　(zhondarm)
　　　final rz, ż as sz　　lekarz stróż
　dz　as ds in woo**ds**　　dzwon dzban
　　　final dz as c　　wódz
　dż　sound of d + ż above　　dżem dżokej
　　　final dż as cz　　bridż

Take care to distinguish these hard sounds from the following soft consonants. The softness of their pronunciation is indicated by the accent. Before vowels the accent is replaced by **i** (e.g. **ć** is written **ci**) but no new syllable is formed.

■ **ć** (ci)　as c in **c**ello　　nić ciotka ciemno
　ń (ni)　as n in **n**eed　　koń słoń niebo
　ś (si)　as s in **s**ure　　środa siostra siedem
　ź (zi)　as g in **G**igi　　źle ziemia zielony
　　　final ź as ś　　weź

dź (dzi) as j in jeans   dźwig dziecko dzień
         final dź as ć   Łódź

■ *Practice*

Distinguish between the following hard and soft sounds. Read them
several times. It is very important not to confuse them:

s – sz   – ś   sweter szkoła ślub
z – rz(ż) – ź   znak rzecz zieleń
c – cz   – ć   cel czekolada czekać
d – dz   dom dzwon
dż – dź   dżungla dźwig

Voiced and voiceless consonants

The clear, distinct pronunciation of certain consonants becomes
dulled (devoiced) depending on their position in a word. So:

final b   is pronounced p   klub = klup
      d   t   ogród = ogrót
      g   k   Bóg   = Bók
      w   f   lew   = lef
      z   s   teraz = teras
      ż(rz)   sz   lekarz = lekasz
      ź   ś   weź   = weś
      dz   c   wódz = wóc
      dź   ć   Łódź = Łóć
      dż   cz   bridż = bricz

This same change of pronunciation occurs also in the middle of
words or between words.

Rule: whenever a voiced consonant (column 1) precedes OR follows any of the voiceless consonants (column 2) its pronunciation
is dulled, i.e. whenever **w** (the most common example) precedes
or follows **p, t, k**, etc. it is pronounced (NOT spelled) **f**:

kwiat is pronounced kfiat   wódka is pronounced vótka
świat   śfiat   trzy   tszy
wstęp   fstemp   książka   ksionszka

wczoraj	fczoraj	od domu	ot domu
twarz	tfasz	z Paryża	s Paryża
wschód	fschót	w sobotę	f sobote

Some typical consonantal clusters in Polish:

■ **prz** przerwa 'break, interval'   like p + sh in sto**p sh**ort (pshErr-vah)

trz trzcina 'reed'   like t + sh in ho**t sh**ower (tshcEE-nah)

chrz chrzest 'baptism'   like ch+ sh in Ba**ch sh**ock (hshEst)

krz krzyk 'shout'   like k + sh in loo**k sh**arp (kshYk)

szcz Szczecin   like sh + ch in fre**sh Ch**eddar (ShchE-cheen)

Remember that **rz sz cz** are harder sounds than English **sh ch**.

STRESS

In the vast majority of Polish words the stress falls on the second syllable from the end: **samOlot tEatr kolEga**

There are a few exceptions (e.g. some words of Latin or Greek origin: **AmEryka mUzyka matemAtyka uniwErsytet**); these will be identified for you.

SPELLING

Once the basic sounds have been learned Polish spelling is more predictable than English.

The most common difficulty is the need to choose, in three instances, between two ways of spelling the same sound: **u – ó Bóg** (God) **Bug** (a Polish river), **rz – ż morze** (sea) **może** (perhaps), **ch – h chleb** (bread) **herbata** (tea).

Certain words are conventionally spelled with small letters. These include the days of the week, the months of the year, adjectives of nationality and those derived from place names; for example, **londyńska taksówka** 'a London taxi.'

WORD ORDER

The basic position of words in a sentence is the same as in English: subject – verb – object. Word order can also be a matter of style but it is commonly determined by reasons of emphasis, i.e. the prominent word appears at the beginning or end of the sentence.

■ Pronunciation practice

A good pronunciation is of fundamental importance. Without it even the most basic communication will prove an ordeal. Polish pronunciation is much more distinct and definite than English. Pronounce every sound clearly and deliberately. Take particular care with the vowels. Whenever necessary re-read the alphabet and the explanations:

matka pogoda brat praca problem korona nazwisko aleja lekcja słowo głowa córka pokój słońce świat niedziela śliwka dziura cień ciastko liść słoń deszcz twarz poczta sekretarz szum drzwi dżem szyba wczoraj człowiek ręka kąt piątek wstęp imię mięso początek bęben książka mężczyzna

Tongue twisters:

W Szczebrzeszynie chrząszcz brzmi w trzcinie
Nie pieprz, Pietrze, wieprza pieprzem
bo przepieprzysz, Pietrze, wieprza pieprzem

SURVIVAL POLISH

Certain words, phrases and expressions are essential in any language. However little Polish you can muster, the following will give you at least a start and possibly save you from embarrassment.

Greetings

Dzień dobry	Good morning/afternoon. Hello
Dobry wieczór	Good evening. Hello
Dobranoc	Good night
Do widzenia	Good-bye

Witam	Greetings. Welcome
Miło mi pana/panią poznać	Pleased to meet you (to a man/ woman)

When speaking to friends or equals a less formal manner is used:

Cześć!	Hi!/Bye!
Cześć stary!	Hi mate (old fellow)!
Co słychać/co nowego?	How are things/what's new?
Stara bieda/po staremu	Same old problems/nothing new
Do zobaczenia	See you. Good-bye
Trzymaj się	Look after yourself. Take care

Wishes

Wszystkiego najlepszego	All the best
Życzę szczęścia	Good luck
Szczęśliwej podróży	Have a good journey. Bon voyage
Smacznego	Bon appétit
Na zdrowie/Sto lat	Cheers. Good health (drinking or proposing a toast)

Na zdrowie is also the equivalent of 'Bless you' when someone sneezes. **Sto lat** is commonly used as a birthday, anniversary greeting and the like; it also belongs to the first lines of the song '**Sto lat, sto lat/Niech żyje, żyje nam**' popularly sung at these and other similar occasions – its closest equivalent in English is perhaps the song 'For he's/she's a jolly good fellow'.

Offering, accepting, refusing, excusing

When offering something say:
Proszę or, more politely, **proszę bardzo**. Compare German: Bitte, Bitte schön.

To thank someone or to refuse an offer the same reply is used:
Dziękuję or **dziękuję bardzo** meaning 'Thank you, thank you very much' or 'No, thank you'.

Przepraszam	I'm sorry. Excuse me

Słucham	Yes, can I help you? (lit. I'm listening)
Słucham?	I'm sorry, I didn't hear
Proszę (bardzo) (in answer to 'thank you')	You're (very) welcome

What does that sign mean?

Informacja	Information (desk)
Kasa	Cash desk. Box-office
Wyjście	Way Out. Exit
Wejście	Way In. Entrance
Dla Panów (⚹)	Gentlemen
Dla Pań (⚹)	Ladies
Toaleta	Toilet
Uwaga/ Niebezpieczeństwo	Caution/ Danger
Policja	Police
Orbis	State Tourist Office
LOT	Polish Airlines

Vocabulary

Polish is a Slavonic language but its development and its vocabulary are by no means as exotically obscure as popular mythology would have you believe. Many words are common to English and to other modern European languages. Spellings may differ but they are readily recognizable. Practice saying them aloud.

adres (A-drres)	address	minister (mee-nEE-sterr)	minister
aktor (A-ktorr)	actor		
bank (bAnk)	bank	muzeum (moo-zE-oom)	museum
doktor (dO-ktorr)	doctor	opera (o-pE-rra)	opera
dyrektor (dy-rrEk-torr)	director	paszport (pAsh-porrt)	passport
		pilot (pEE-lot)	pilot
film (fEElm)	film	student (stOO-dent)	student
gaz (gAz)	gas	sweter (svE-terr)	sweater
hotel (hO-tell)	hotel	teatr (tE-atrr)	theatre
		telefon (te-lE-fon)	telephone

inspektor	inspector	telegram (te-lE-grram)	telegram
(een-spEk-torr)		wiza (vEE-za)	visa
klub (klOOp)	club	radio (rrAd-yo)	radio
koncert (kON-tserrt)	concert		
kalkulator	calculator		
(kal-koo-lA-torr)			

International English

Notice that some of the meanings are modified:

bikini (bee-kEE-nee)	bikini
camping (kAm-peeng)	camping, camping site
cocktail/koktail bar	cocktail bar (in a hotel)
(kOk-tile barr)	
hall/holl (hOll)	hall (hotel hall-way and similar)
hobby (hO-bee)	hobby
parking (pArr-keeng)	car-park
sleeping (slEE-peeng)	sleeper, sleeping compartment (train)
smoking (smO-keeng)	dinner-jacket
speaker/spiker (spEE-kerr)	radio (TV) announcer
strip-tease/striptiz	strip-tease
(strrip-tEEz)	
week-end (wEEk-end)	week-end
whisky (vEE-skee)	whisky
zoo (zOh)	zoo

ABBREVIATIONS

A./acc.	accusative	L./loc.	locative
adj.	adjective	m./masc.	masculine
adv.	adverb	n./neut.	neuter
comp.	comparative	N./nom.	nominative
cond.	conditional	num.	numeral
conj.	conjunction	part.	participle
cons.	consonant	Pf.	perfective
D./dat.	dative	pl.	plural
dim.	diminutive	prep.	preposition

f./fem.	feminine	pres.	present
fut.	future	pron.	pronoun
G./gen.	genitive	sg.	singular
indecl.	indeclinable	sup.	superlative
Impf.	imperfective	v.	verb
I./instr.	instrumental	V./voc.	vocative

PART TWO

LESSONS

LESSON ONE
(Lekcja pierwsza)

GENDER OF NOUNS

There are three genders in Polish : masculine, feminine and neuter.
Gender is not always predictable. Males are masculine, females are
feminine but in most other cases the gender of the noun is not
related to its meaning. In Polish houses and elephants are masculine, books and parrots are feminine, meat and towns are neuter.

Rule: Gender is indicated by the ending of the basic, dictionary
form of the noun, as below.

Masc.
Ending: **consonant**

ojciec	father
syn	son
brat	brother
chłopiec	boy
mąż	husband
dom	house
adres	address
kot	cat
pies	dog

Fem.
Ending: **-a**

matka	mother
córka	daughter
siostra	sister
dziewczyna	girl
żona	wife
poczta	post office
gazeta	newspaper
ryba	fish
papuga	parrot

Neut.
Ending: **-o -e -ę -um**

nazwisko	surname
miasto	town, city
mięso	meat
dziecko	child (boy/girl)
mieszkanie	flat
życie	life
morze	sea
imię	Christian name
muzeum	museum

Exceptions:

A few nouns ending in a consonant are feminine:

e.g. **noc** 'night', **rzecz** 'thing', **miłość** 'love', **śmierć** 'death'

A few nouns end in **-a** but refer to men and are masculine:

e.g. **kolega** 'friend', **mężczyzna** 'man', **poeta** 'poet'

In Polish almost every noun referring to a person has both a masculine and feminine form:

■ *Compare*

aktor	actor		aktorka	actress
król	king		królowa	queen

Similarly

kolega	friend (m.)		koleżanka	friend (f.)
student	student (m.)		studentka	student (f.)
Polak	Pole (m.)		Polka	Pole (f.)
Anglik	Englishman		Angielka	Englishwoman

ABSENCE OF ARTICLE

Polish has no definite or indefinite article. Any noun can be translated with or without an article, depending on the sense and context: **miasto** 'town, a town, the town'.

■ SIMPLE QUESTIONS AND ANSWERS

CO to jest?	TO jest hotel
KTO to jest?	TO jest Adam
CZY to jest bank?	TAK, to jest bank
CZY to jest student?	NIE, to NIE jest student
	NIE, to jest aktor

WHAT is this?	THIS is a hotel
WHO is this?	THIS is Adam
IS this a bank?	YES, this is a bank
IS this a student?	NO, this is NOT a student
	NO, this is an actor

Czy has no meaning of its own – it merely introduces a question requiring the answer 'yes' or 'no'. **To** can be used for 'this, that, it'. It is used impersonally to point out and identify both people and things.

In all these examples the verb can be, and often is, omitted:

■ Co to jest?   What's this/that?
To jest gazeta   It's a newspaper
Kto to?   Who's this?
To Edward   It's Edward
Czy to Londyn?   Is that London?
Nie, to Warszawa   No, it's Warsaw
Gdzie to jest?   Where is that?
Czy to tu (tutaj)?   Is it here?
Nie, to tam   No, it's there

Questions can also be indicated by the tone of voice (without **czy**):

To nie jest hotel?   This isn't a hotel?
To prawda?   Is that true?

Other examples with **to**:

Czas to pieniądz   Time is money
Coca-cola. To jest   Coca-cola. It's the
  to   real thing

PRESENT TENSE: być 'to be'

ja	jestem	I	am	
ty	jesteś	you	are	
on	jest	he	is	
ona		she		
ono		it		
my	jesteśmy	we	are	
wy	jesteście	you	are	
oni	są	they	are	(men, mixed company)
one		they	are	(women, animals, objects)

NEGATIVE:	place **nie** before the verb	
	ja nie jestem	I am not
QUESTION:	czy ja jestem?	am I?
	czy ja nie jestem?	am I not?

The endings of a Polish verb clearly indicate the person. The pronouns **ja**, **ty**, etc. are used only for emphasis or, where necessary, to distinguish between persons:

Ja jestem tu, a ona jest tam   I'm here and she is there
Kto to? – To ja/on   Who's that? – It's me/him
Kto tam? – To my/ona   Who's there? – It's us/her

The distinction between **oni/one** 'they' is an important one:

Gdzie oni są?   Where are they? (men, men and women)
Czy to one?   Is that them? (women, animals, objects)

FORMS OF ADDRESS

Polish has a casual and a formal, polite form for 'you'. Be careful which one you use.

Ty (singular) and **wy** (plural) are used only when addressing relatives, close friends and children. In all other cases use the formal **pan/panowie** (for a man/men), **pani/panie** (for woman/women), **państwo** (for a man and woman or men and women).

When in doubt use the polite form, unless you want to be rude deliberately:

Casual + 2nd pers. of verb
Gdzie(ty) jesteś?
(wy) jesteście?

All these mean 'Where are **you**?'

Formal + 3rd pers. of verb
Gdzie pan/pani jest?
panowie/panie są?
państwo są?

Pan/pani/państwo + proper names are equivalent to English Mr/
Mrs (Miss)/Mr and Mrs:

To jest pan/pani Brown   This is Mr/Mrs Brown
Gdzie są państwo Bailey?   Where are Mr and Mrs Bailey?

In Polish it is customary to indicate the title or status of a person:

Pan/pani doktor Komar   Doctor Komar (man/woman)
Pan/pani profesor Smith   Professor Smith (man/woman)

Polish, unlike English, also uses a form of address halfway between
the purely casual and the purely formal – **pan, pani + first name:**

Pan Adam, pan Jan   Literally Mr Adam, Mr John
Pani Maria, pani Julia   Mrs (Miss) Mary, Julie

INTRODUCTIONS AND PERSONAL IDENTIFICATION

Jestem. . .   Jestem Adam   I'm Adam Smith
                       Smith
Nazywam się. . .   Nazywam się Jane   My name is Jane
                       Brown   Brown (lit: I call
                                          myself Jane Brown)
Jak się nazywasz? (casual)   What's your name?
Jak się pan/pani nazywa? (formal)

NAZWISKO (Surname) ....   IMIĘ (Christian name) ......
ADRES (Address) ....
PODPIS (Signature) ....   DATA (Date) ....

CONJUNCTIONS

Matka   i   syn   Mother   and   son

oraz	and also
jak i	as well as
I. . . i. . .	Both. . . and. . .

I is the simple English 'and'; to make a contrast between one thing and another use the conjunction **a** meaning 'and/but':

Ja jestem tu, a ona jest tam	I'm here and/but she is there
To jest Maria, a to jest Jan	This is Mary and this is John
A gdzie jest Adam?	But where is Adam?

The normal word for 'but' is **ale**:

Przepraszam, ale gdzie jest hotel?	Excuse me, but where is the hotel?

Parallel texts

Translate the sentences on the left without looking at the versions on the right, and vice versa. All the information you need is in the Introduction and Lesson 1:

■ Dzień dobry. Jestem Jan Nowak	Good morning/Hello. I'm Jan Nowak
Jak się pani nazywa?	What is your name? (to a woman)
Nazywam się Ewa Górska	My name is Ewa Górska
Miło mi panią poznać	I'm pleased to meet you (to a woman)
Kto to jest? – To jest Maria a to Adam	Who is that? – This is Maria and that's Adam
A kto to? – To jest doktor Weiss	And who's this? – This is doctor Weiss
Anglik? – Nie, Polak	An Englishman? – No, a Pole
Cześć! Co słychać? – Po staremu	Hi! How are things? – Same as before
Kto to? – To koleżanka	Who's that? – That's a (girl) friend
Jak się nazywa? – Nazywa się Jane	What's her name? – Her name's Jane
Przepraszam, czy to jest poczta?	Excuse me, is this the post office?

Nie, to nie jest poczta
A co to jest? – To jest bank

Gdzie jest poczta? – Poczta jest tam

Dziękuję. – Proszę bardzo.— Do widzenia

No, this is not the post office
And what is this? – This is a bank

Where is the post office? – The post office is there

Thank you. – You're very welcome.—Goodbye

What is this? – This is a house
Who is that? – That's a (girl) student
Is that Adam? – No, that's not Adam
Is that a book? – Yes, it's a book

Co to jest? – To jest dom
Kto to jest? – To studentka

Czy to Adam? – Nie, to nie Adam

Czy to jest książka? – Tak, to książka

Who's that? – That's Mr and Mrs Nowak
And Mr Bailey? – Where is he?

Kto to? – To pan i pani (państwo) Nowak
A pan Bailey? – Gdzie on jest?

Welcome.—I'm Edward and this is Lola
Isn't that Witold and Julia?
No, that's not them
That's an actor and an actress

Witam.—Jestem Edward a to Lola
Czy to nie jest Witold i Julia?
Nie, to nie oni
To aktor i aktorka

Revise the material presented so far. Learn from your mistakes.

LESSON TWO
(Lekcja druga)

NOUNS: CASE

Polish nouns change their endings according to their case – the role they play in a sentence. No noun is in a random case: its form indicates precisely what its relationship is to other words. Though appearing complex at first sight, in fact it is an aid to understanding.

The different case-forms and their uses will be introduced lesson by lesson.

NOMINATIVE CASE

The basic (dictionary) form of the noun is called the Nominative case. This form indicates that the noun is the subject of a sentence. Note also its use (Lesson 1) after **to** and in introductions.

Telefon jest tam	The telephone is there
To jest lekcja druga	This is lesson two
Jestem Adam Smith	I'm Adam Smith

ADJECTIVES

Agreement

An adjective agrees in gender, number and case with the noun to which it refers. The endings are regular and their basic masculine, feminine and neuter forms will soon become familiar.

Masc. Fem. Neut.   Masc. Fem. Neut.

Masc.	Fem.	Neut.		Masc.	Fem.	Neut.	
nowy	nowa	nowe	–new	krótki	krótka	krótkie	–short
stary	stara	stare	–old	długi	długa	długie	–long

-y -a -e

dobry	good
zły	bad
duży	big, large
mały	small (little)
łatwy	easy
trudny	difficult
młody	young
gruby	fat, thick
ładny	nice, pretty
piękny	beautiful
nudny	boring, dull
ciekawy	interesting

-i -a -ie

drogi	dear, expensive
wysoki	tall, high
niski	small, low
lekki	light
ciężki	heavy
cienki	thin
bliski	near, close
daleki	far, distant
polski	Polish
angielski	English
amerykański	American

wesoły	cheerful	francuski	French
smutny	sad	niemiecki	German
ciepły	warm		
zimny	cold	*Colours*	
bogaty	rich	niebieski	blue
biedny	poor	biały	white
miły	pleasant	czarny	black
zmęczony	tired	czerwony	red
wolny	free	zielony	green
		żółty	yellow
		pomarańczowy	orange

The endings **-i -a -ie** always follow the letters k and g. A few other common adjectives also end in **-i**:

tani tania tanie	cheap
głupi głupia głupie	silly, stupid
ostatni ostatnia ostatnie	last

Ordinal numbers also are adjectival:

e.g. pierwszy a -e	first
drugi -a -ie	second
trzeci -ia -ie	third

Position

Adjectives usually precede the noun:

piękna dziewczyna	a beautiful girl
stary kolega	an old friend (male)
Nowy Rok	the New Year

But there are cases (e.g. titles, headings, instructions) when it is customary for the adjective to follow the noun:

Jan Paweł II (drugi)	John Paul II (the second)
Lekcja pierwsza	Lesson one (= the first)
język polski	the Polish language, Polish
Wstęp wzbroniony	Entrance forbidden, No admittance

Agreement is still made when the adjective stands alone:

jestem bardzo zmęczony	I'm very tired (male)
pogoda jest ładna	the weather is nice
Nieczynny (-a, -e)	Out of Order/Closed

Exercise 1

Complete the following sentences using the most appropriate adjective given. Make sure that the adjective is the same gender as the noun:

1. To jest (trudny, młody) lekcja. 2. To jest (łatwy, drogi) hotel. 3. To jest (nudny, czarny) miasto. 4. Adam jest (nowy, wysoki) i (smutny, niski). 5. (Piękny, bogaty) pogoda. 6. To jest (lekki, długi) nazwisko. 7. Czy pani jest (nowy, zmęczony)? 8. Maria jest (łatwy, wesoły). 9. Gdzie jest (długi, stary) poczta? 10. Mieszkanie jest (mały, gruby) ale (lekki, ładny).

■ **DEMONSTRATIVE AND INTERROGATIVE ADJECTIVES (TEN, JAKI, KTÓRY)**

Masc.	**ten** this,		**który**	**jaki**	what, what kind of?
Fem.	**ta** that one (here)		**która** which (one)?	**jaka**	what. . .like?
Neut.	**to**		**które**	**jakie**	

Similarly: tamten, tamta, tamto 'that one (there)'

Gdzie jest **ten** klub?	Where is that club?
Jaki klub? / **Który** klub?	What club? / Which one?
Która gazeta jest nowa?	Which newspaper is new?
Ta gazeta jest nowa	This newspaper is new
Które miejsce jest wolne?	Which seat is free?
Tamto miejsce jest wolne	That seat there is free

Do not confuse **to** 'this, that, it' used impersonally and **ten, ta, to** used as adjectives:

To jest nowy hotel	This is a new hotel
Ten (m.) **hotel** jest nowy	This hotel is new
To piękna dziewczyna	That's a beautiful girl
Ta (f.) **dziewczyna** jest piękna	That girl is beautiful
To jest trudne	This is difficult
To (n.) **słowo** jest trudne	This word is difficult

Jaki, jaka, jakie? call for an answer about the quality or kind of something:

Jaka jest pogoda?	What is the weather like?
Pogoda jest zła/dobra	The weather is bad/good
Jaki jest Adam?	What's Adam like?
Adam jest mały, gruby i wesoły	Adam is small, fat and cheerful

Questions beginning **jaki, -a, -ie to jest. . .?** combine two questions:

Jaki to jest hotel?	What hotel is this?
	What is this hotel like?
To jest hotel Grand	This is the Grand Hotel
To jest dobry hotel	This is a good hotel

Compare with the more specific question:

Jaki jest **ten** hotel?	What is **this** (particular) hotel like?
Ten hotel jest dobry ale drogi	**This** hotel is good but expensive

Jaki, -a, -ie is *also* used in exclamations to mean 'what a . . !/ how. . .!:

Jaka ładna pogoda!	What nice weather!
Jaki (to) trudny język!	What a difficult language (this is)!
Jaki ja jestem głupi!	How stupid I am!

POSSESSIVE ADJECTIVES

Possessive adjectives answer the question 'whose?' : **czyj, czyja, czyje?**

Masc.	Fem.	Neut.	
mój	moja	moje	my, mine
twój	twoja	twoje	your(s)
jego *	jej *	jego *	his/her(s)/its
nasz	nasza	nasze	our(s)
wasz	wasza	wasze	your(s)
ich *	ich *	ich *	their(s)

Possessive adjectives agree with the nouns to which they refer except for the forms marked * which are indeclinable.

Twój and **wasz** are casual forms, corresponding to **ty** and **wy**. The formal equivalents of 'your(s)' are: **pana** (m.), **pani** (f.) in the singular, **państwa** in the plural. These forms do not change. However, the masculine **pana** also has separate adjectival forms: **pański, pańska, pańskie.**

Czyj to jest brat?	Whose brother is that?
To jest jego brat	That's his brother
Czyja jest ta książka?	Whose is that book?
Ta książka jest twoja	That book is yours
Gdzie jest pana/pański syn?	Where is your (m.) son?
pani	your (f.)
To jest moje imię i	This is my Christian name and
(moje) nazwisko	(my) surname

When not required to avoid ambiguity possessive adjectives may be omitted:

To jest syn i córka	This is my son and daughter
Gdzie jest mąż?	Where's your husband?

'IT' IN POLISH

The personal pronouns **on, ona, ono** can all be used to mean 'it' when referring to a thing (not a person) already mentioned:

Moja książka – gdzie ona jest? My book – where is it?

Ten nowy hotel – czy on jest   That new hotel – is it
  drogi?   expensive?
To miasto – jakie ono jest?   That town – what's it like?

Exercise 2

Using the correct form of **czyj? jaki? który?** supply questions to the following statements:

1. To jest lekcja druga. 2. Ona jest młoda i bogata. 3. To jest jej kot. 4. To jest nudne miasto. 5. To jest pańskie miejsce. 6. Tamten brat jest bogaty. 7. To jest język niemiecki. 8. To jest nasz dom. 9. To jest angielskie nazwisko. 10. Ten student jest biedny.

Exercise 3

Translate:

1. Whose house is this? – It's my house.
2. Which is their house? – That small one is theirs.
3. What book is this? – This is an English book.
4. What's Polish like? – Polish is not easy.
5. Is this your (sing. formal) newspaper? – No, that one there is mine.
6. What's her brother like? – Which one?
7. What a nice, big, black cat – Is it your cat?
8. His flat – what's it like?

LESSON THREE
(Lekcja trzecia)

VERBS: PRESENT TENSE (-am, -asz)

Polish verbs belong to different classes or conjugations. Note the endings here. They will be the same for most verbs which in the infinitive end in **-ać**:

czytać   'to read'

ja	czytam	I read, am reading	*Remember:*
ty	czytasz	you read, are reading	Negative: ja **nie** czytam
on	czyta	he reads, is reading	Question: **czy** ja czytam?
ona		she	ja czytam?
ono		it	
my	czytamy	we read, are reading	
wy	czytacie	you read, are reading	
oni	czytają	they read, are reading	**oni = men or mixed company**
one		they	**one = women, animals, objects**

More regular **-ać** verbs:

czekać	to wait	przepraszać	to apologise,
kochać	to love		beg pardon
mieszkać	to live, reside	rozmawiać	to talk, converse
narzekać	to complain	siadać	to sit down
odpoczywać	to rest	słuchać	to listen
oglądać	to watch	śpiewać	to sing
	(e.g. television)	witać	to greet
pamiętać	to remember	znać	to know (a person, place, thing)

Some reflexive verbs:

gniewać się	to be angry
kochać się	to be in love, love one another
nazywać się	to be called
spotykać się	to meet (one another)
pytać się	to ask, inquire
ubierać się	to dress oneself, get dressed
znać się	to know one another

Reflexive verbs are conjugated like ordinary verbs except that się does not change for person. Note that it is not normal for it to appear at the end of a question or any but the shortest statement:

Jak się pan nazywa?   What's your name? (lit. How do you call yourself?)

Czy się znacie?   Do you know each other?

Tak, znamy się   Yes, we do (know each other)

Exercise 1

Translate using the casual or formal 'you' as indicated:

1. We are talking. 2. Are they (women) listening? 3. Who's complaining? 4. She's called Betty. 5. We are in love. 6. Where are you (pl. casual) meeting? 7. I remember and you (sing. casual) remember. 8. Do you (sing. formal) live here? 9. Who is singing? 10. I'm sorry. Are you (sing. formal) waiting?

Remember: Personal pronouns should only be used for emphasis or to avoid ambiguity:

Ja pamiętam i **ty** pamiętasz   I remember and **you** (too) remember

Czy **one** słuchają?   Are **they** (women, girls) listening?

MIEĆ 'to have'

Despite its infinitive the endings of this verb are the same as for regular -ać verbs:

ja	mam	I have	my	mamy	we have
ty	masz	you have	wy	macie	you have
on, ona, ono	ma	he, she, it has	oni, one	mają	they have

The reflexive **mieć się** is used to ask about someone's health:

Jak się masz?   How are you?

Jak się pan/pani ma?

Dziękuję, dobrze/bardzo dobrze   Thank you, I'm well/very well (Fine, thanks)

The question, in Polish, is not as casual as English 'How are you?' often meaning 'Hello!'

ACCUSATIVE CASE

The Accusative is the case of the object in a sentence:

| Helena | ma | brata/siostrę | Helen has a brother/ |
| SUBJECT (Nom.) | verb | OBJECT (Acc.) | sister |

There are two new endings for nouns in this case but note the important distinction, in Polish, between masculine **ANIMATE** nouns (people, animals) and **INANIMATE** nouns (things):

NO CHANGE
masc. inanimate nouns, adjectives and all neuter nouns, adjectives have the same form as in the Nominative

mój dom	moje imię
twój	twoje
nowy hotel	nowe miasto
drugi	drugie
który bank?	które muzeum?
ten	to

CHANGE

masc. animate	feminine
nouns add **-a**	**-a** to **-ę** nouns
adjectives **-ego**	**-a** to **-ą** adjectives

mojego ojca		mają matkę
twojego		twoją
nowego kota		nową gazetę
drugiego		drugą
którego brata?		którą siostrę?
tego pana	BUT	tę panią

Masculine nouns in **-a**, e.g. **kolega, poeta**, behave like feminine nouns. Both **tę** and **panią** are exceptions to the rule.

HALF PRICE BOOKS

2041 Ford Pkwy.
St. Paul, MN 55116
651-699-1391

09/29/09 06:02 PM
#00023/TMAG096/00002

CUSTOMER: 0000000000
SALE: 0001148283

1   @6.98   UN   6.98
      5799-(Used books at low prices)

SHIP/HAND   0.00
TAX (7.625% on $6.98)   0.53
TOTAL   7.51

PAYMENT TYPE
CASH   20.00

PAYMENT TOTAL $ 20.00
CHANGE DUE - CASH $ 12.49

THANK YOU!

2041 Ford Parkway-St. Paul, MN
(651) 699-1391

Return policy on back of receipt

END OF TRANSACTION

REFUND POLICY

Cash refunds and charge card credits on all
merchandise* are available within 7 days of purchase
with receipt. Merchandise charged to a credit card will
be credited to your account. Exchange or store credit
will be issued for merchandise returned within 30
days with receipt. Cash refunds for purchases made
by check are available after twelve (12) business days,
and are then subject to the time limitations stated
above. Please include original packaging and price tag
when making a return. Proper I.D. and phone number
may be required, where permitted. We reserve the right
to limit or decline refunds.

*Gift cards cannot be returned for cash, except as
required by law.

REFUND POLICY

Cash refunds and charge card credits on all
merchandise* are available within 7 days of purchase
with receipt. Merchandise charged to a credit card will
be credited to your account. Exchange or store credit
will be issued for merchandise returned within 30
days with receipt. Cash refunds for purchases made
by check are available after twelve (12) business days,
and are then subject to the time limitations stated

Notice the spelling change: **ojciec** – **ojca**. Similarly **chłopiec** – **chłop-ca**.

Examples with the Accusative

Kocham Londyn/Warszawę/ Jana/Marię	I love London/Warsaw/John/ Mary
Czy pamiętasz mojego kolegę?	Do you remember my friend?
Znacie pana/panią Hopkins?	Do you know Mr/Mrs Hopkins?
Oglądamy ciekawy polski film	We're watching an interesting Polish film
Jaką/którą pan czyta gazetę?	What/which newspaper are you reading?
Którego znasz brata?	Which brother do you know?
Czyją masz książkę?	Whose book have you got?

The question words **jaki? który? czyj?** always agree with the noun to which they refer – even if they are not immediately adjacent to it.

The Accusative is also used with some prepositional phrases:

Czekamy na Adama/na brata	We're waiting for Adam/for our brother
Przepraszam za spóźnienie	I'm sorry for the delay (for being late)
Czy masz czas na kawę?	Have you got time for a coffee?
Pytają się o drogę	They are asking (about) the way

Always remember the whole phrase and the case (here Accusative) of the noun which follows **czekać na . . .**' to wait for . . .', **przepraszać za . . .**' to apologise for . . .', **mieć czas na . . .**' to have time for . . .', **pytać się o . . .**' to ask about . . .'.

USE OF pan, pani

We have met **pan/pani** as meaning 'you' and Mr/Mrs when used with proper names (Lesson 1). Note here their use as polite forms of **mężczyzna** 'man', **kobieta** 'woman':

Kto jest ten pan/ta pani?	Who is that man/that woman?
Czy znasz tego pana/tę panią?	Do you know that man/that woman?

Proszę pana/panią is commonly used in addressing a person or when you want to invite someone to do something (e.g. come in, sit down – depending on the context):

Proszę pana, gdzie jest hotel?	Please (Lit. = I ask you sir) where is the hotel?
Jestem Jan Górski – Proszę pana!	I'm Jan Górski – Please come in!

POLITE REQUESTS

Proszę + infinitive

Proszę pamiętać/siadać	Please remember/sit down
Proszę nie czekać	Please don't wait
Proszę się nie gniewać	Please don't be angry

CLAUSES WITH że

Pamiętam, że nazywa się Laura	I remember that her name is Laura
Narzeka, że jest zmęczony	He's complaining that he's tired
Przepraszam, że pani czeka	I'm sorry that you are waiting
Mam nadzieję, że to nie jest drogie	I (have the) hope that this isn't expensive
Proszę pamiętać, że to jest Londyn	Please remember that this is London

■ INTERROGATIVES

Here are some old and new friends:

CO/KTO to jest?	WHAT/WHO is that?
CZY to jest Helena?	IS that Helen?
GDZIE jest dobry hotel?	WHERE is a good hotel?
JAKA jest pogoda?	WHAT is the weather LIKE?
KTÓRY dom jest twój?	WHICH house is yours?
CZYJE to jest dziecko?	WHOSE child is this?
JAK się nazywasz?	WHAT'S your name? (Lit. HOW do you call yourself?)
JAK się macie?	HOW are you?
DLACZEGO pani się pyta?	WHY are you asking?
DLACZEGO nie odpoczywasz?	WHY aren't you resting?

Do not confuse **jaki, -a, -ie** 'what, what kind of, what like' with **JAK** 'how?'

DOM/MIESZKANIE (HOUSE/FLAT)

pokój	room	tapczan	couch
pokój jadalny	dining room	taboret	stool
		lampa	lamp
salon	sitting room, lounge	telewizor	television set
		telewizor kolorowy	colour television
kuchnia	kitchen		
łazienka	bathroom	radio	radio
sypialnia	bedroom	lodówka	fridge
krzesło	chair	kuchenka	cooker, stove
fotel	armchair	(gazowa,	(gas,
stół	table	elektryczna)	electric)
szafa	cupboard	centralne	central
łóżko	bed	ogrzewanie	heating
okno	window	drzwi*	door

*drzwi is a plural form and requires a plural verb.

The word for television (not the set) is **telewizja**, e.g. **Telewizja Polska** 'Polish Television', **oglądać telewizję** 'to watch television'.

Exercise 2

Translate using both the casual and formal 'you' (sing.):

1. Where do you live? 2. Have you got a house? 3. No, I have a flat. 4. Is it a large flat? 5. Yes, I've got a dining room, a bedroom, a kitchen and a bathroom. 6. Do you have a television? 7. Yes, I've got a television and a radio. 8. Do you have a sister? 9. No, I have a young brother. 10. I remember. His name's Witold. He knows my daughter.

LESSON FOUR
(Lekcja czwarta)

GENITIVE CASE

The Genitive is an important case in Polish and its uses are many. The new endings, together with their Nominative (subject) and Accusative (object) forms are set out below:

Masculine

Nom.	Acc.	Gen.
brat	brata	brata
student	studenta	studenta
kot	kota	kota
dom	dom	domu
telefon	telefon	telefonu
adres	adres	adresu

Neuter

Nom.	Acc.	Gen.
miasto	miasto	miasta
okno	okno	okna
miejsce	miejsce	miejsca
Exception: Neuter nouns in **-ę**		
e.g. **imię** = Gen. **imienia**		

Feminine

Nom.   Acc.   Gen.

kobieta	kobietę	kobiety
pogoda	pogodę	pogody
matka	matkę	matki
papuga	papugę	papugi
kuchnia	kuchnię	kuchni

Ending -i only after k, g or
soft consonant (e.g. -nia,
-cia, -sia, etc.)
Also pani (N.) – panią (A.)
– pani (G.)

Study these endings carefully. Take special care to distinguish between masculine nouns denoting people, animals (**animates**) and things (**inanimates**). The simple rule is: if *animate* Acc. = Gen.; if *inanimate* Nom. = Acc.

Common exceptions are masculine nouns which denote objects but, unpredictably, take the ending -a. To avoid confusion the Genitive form of all new nouns will be indicated in future vocabularies.

Genitive of adjectives

	m. + n.	f.	
mój, twój	mojego, twojego	mojej, twojej	
nowy, drugi	nowego, drugiego	nowej, drugiej	kto? = kogo?
który? jaki?	którego, jakiego	której, jakiej	co? = czego?
ten	tego	tej	

Uses of the Genitive

Possession (where English uses 'of' or '-'s'):

To jest dom mojego ojca   This is my father's house
         pokój mojej siostry   my sister's room
         data urodzenia   the date of birth
         autor książki   the author of the book
         galeria sztuki   the art gallery
                                             (= gallery of art)

Czy masz numer jego telefonu?   Do you have his telephone
                                                number?

Notice that, in Polish, the object possessed comes first: e.g. 'This
is the house of my father'.

After a negative the Genitive replaces the Accusative:

gazeta: czytam gazetę	Newspaper: I'm reading a newspaper
nie czytam gazety	I'm not reading a newspaper
adres: mam jego adres	Address: I have his address
nie mam jego adresu	I don't have his address
brat: czy masz brata?	Brother: Do you have a brother?
Nie, nie mam brata	No, I don't have a brother

But in any prepositional phrase the case of the noun is always
determined by the preposition **even after a negative**:

Czekam na brata	I'm waiting for my brother
Nie czekam na brata	I'm not waiting for my brother

After prepositions

In Polish, prepositions take various cases. Most require the Genitive. These include:

od	from	blisko	near, close
do	to	(do)*	(to)
z	from (out of a place)	daleko	far away
bez	without	(do/od)*	(to/from)
dla	for	naprzeciwko	opposite
podczas	during	obok	beside, next to
według	according to	w pobliżu	in the vicinity of
		koło	around, near
		u	at (someone's house)

blisko, daleko   = where is it?: 'It's near, far'
blisko do, daleko od/do = how near, how far is it to get there?:
                                        'It's a long way home'

Compare

Dom jest daleko   The house is far away
Jest daleko do domu   It's far (to get) to the house/It's a long way
                       home

■ *Examples*

Z Londynu do Warszawy. Mam list od matki. Jestem z Londynu.
Ten pokój jest dla pana. Mam mieszkanie bez telefonu. Według
Adama, to nie jest prawda. Hotel jest blisko poczty. Jesteśmy
daleko od domu. Kuchnia jest obok/naprzeciwko łazienki. Mieszkają w pobliżu parku. Jak jest daleko do banku? Jestem u kolegi.

From London to Warsaw. I have a letter from my mother. I'm
from London. This room is for you. I have a flat without a telephone. According to Adam this is not true. The hotel is near the
post office. We're far from home. The kitchen is next to/opposite
the bathroom. They live in the vicinity of the park. How far is it
to the bank? I'm at my friend's (house).

VERBS WITH THE GENITIVE

Some verbs regularly require the Genitive. Common examples are:

szukać: szukam mieszkania/telefonu   I'm looking for a flat/
                                       a telephone
słuchać: słucham radia   I'm listening to the radio
uczyć się: uczę się (języka)   I'm learning Polish/
  polskiego/angielskiego   English
życzyć: życzymy szczęścia!   We wish you good luck!

PARTITIVE GENITIVE

The Genitive is always used after expressions of quantity. Compare:

Mam mleko, kawę i herbatę (Acc.)	I have milk, coffee and tea
Dużo mleka, kawy i herbaty (Gen.)	A lot of milk, coffee and tea

Similarly:

Mam dużo/mało czasu	I have a lot of/little (of) time
bardzo dużo/mało	very much/little
butelkę wina	a bottle of wine
filiżankę kawy	a cup of coffee
kilogram cukru, mięsa	a kilogram of sugar, meat
litr wódki	a litre of vodka

■ **WHO? WHAT?: Kto? (Nom.) Co? (Nom./Acc.)**
WHOM? OF WHAT?: Kogo? (Acc./Gen.) Czego? (Gen.)

Co jest? Czego nie ma?	What is there? What isn't there (any of)?
Kto jest? Kogo nie ma?	Who is there? Who's not there?
Kogo szukasz?	Whom are you looking for?
Czego szukasz?	What (lit. of what) are you looking for?
Od kogo masz list?	From whom have you got a letter?
Mam list od Anny	I have a letter from Anne
Do kogo mówisz?	Whom are you talking to?
Dla kogo to jest?	Whom is this for?
To jest dla żony	This is for my wife

But notice the Accusative in the following examples (see also Lesson 3):

Na co czekasz?	What are you waiting for?
Czekam na telefon	I'm waiting for a telephone (call)
Na kogo czekasz?	Whom are you waiting for?
Czekam na siostrę	I'm waiting for my sister
Na którą?	(For) which one?

Exercise 1

Translate:

1. I don't know that lady. 2. I have his address but I don't know his telephone number. 3. My brother's house is large and expensive. 4. We have very little time. 5. Isn't there any coffee? No, there isn't any. 6. Why are you (sing. formal) learning Polish? 7. The hotel is near the post office. 8. Whom are you (sing. formal) waiting for? 9. We have a letter from a friend (female) from London. 10. I don't remember your (sing. casual) father.

Exercise 2

Put the words in brackets into the Genitive case:

Nie pamiętam (adres). Przepraszam, nie ma (wino). Od (bank) do (poczta). Czekamy koło (hotel). Telefon jest naprzeciwko (okno). Gdzie jest pokój (matka)? Nie ma (ładna pogoda). Nie znacie (to miasto)? Szukam (kolega) i (koleżanka). Nie znasz (ten pan)?

■ **THERE is, are/THERE isn't, aren't**

Jest telefon, kawa, miejsce (Nom.)	There is a telephone, coffee, a place
Nie ma telefonu, kawy, miejsca (Gen.)	There isn't a telephone, any coffee, a place

Czy jest wolne miejsce?	Is there a free seat?
Niestety, nie ma wolnego miejsca	Unfortunately, there isn't a free seat
Czy jest centralne ogrzewanie?	Is there central heating?
Nie, nie ma centralnego ogrzewania	No, there is no central heating
Czy jest Adam?	Is Adam there?
Nie, nie ma Adama	No, Adam isn't here (No, he isn't).
Czy są państwo Green?	Are Mr and Mrs Green there? (Are the Greens there?)

Tak, są/Nie, nie ma państwa   Yes, they are/No, the Greens
  Green   aren't here (there)

Nie ma is derived from the third person singular of the verb **mieć** 'to have' (see Lesson 3); it does not change when used to mean 'there isn't/aren't'.

VERBS: PRESENT TENSE (-ę, -isz/-ysz)

The following endings apply to all verbs of more than one syllable, whose infinitives end in **-ić** or **-yć**:

	płacić to pay	**tańczyć** to dance
ja	płacę	tańczę
ty	płacisz	tańczysz
on ona ono	płaci	tańczy
my	płacimy	tańczymy
wy	płacicie	tańczycie
oni one	płacą	tańczą

The following (including also some verbs in **-eć**) are conjugated like their corresponding models above:

chwalić (się)	to praise (boast)	cieszyć się	to be glad
		kończyć (się)	to finish, end
kłócić się	to quarrel	liczyć	to count
nudzić się	to be bored	śpieszyć się	to hurry,
palić	to smoke		be in a
prosić*	to ask, invite, request		hurry
		tłumaczyć	to translate, explain
prowadzić	to lead; drive (a car)	uczyć się	to learn, study
myśleć	to think	wierzyć	to believe
siedzieć	to sit, be sitting down	życzyć	to wish
		krzyczeć	to shout
		leżeć	to lie
widzieć	to see	patrzeć	to look (at)
woleć	to prefer	słyszeć	to hear

*prosić has a change of consonant in the first person singular and third person plural only: (ja) proszę (ty) prosisz, etc., (oni, one) proszą.

Note: Verbs ending in -bić -pić -wić -mić or -nić retain the -i-throughout:

robić	to do, make	mówić	to speak, say
robię	robimy	mówię	mówimy
robisz	robicie	mówisz	mówicie
robi	robią	mówi	mówią

Common verbs include: lubić 'to like'; dzwonić (do) 'to ring, telephone (someone)'; bawić się 'to play'; martwić się 'to worry (be worried)'; wątpić 'to doubt'; żenić się 'to marry, get married (of a man)'.

Exercise 3

Translate:

1. What are they doing? 2. They're playing. 3. When does this film end? 4. Do you (sing. formal) smoke? 5. Is Adam getting married? 6. I like Polish. 7. Who is paying? 8. What is that man saying? 9. We're bored. 10. What do you (pl. casual) think?

Verb usage

Co robisz? – Siedzę	What are you doing? – I'm sitting down
Co one robią? – Kłócą się	What are they doing? – They're quarrelling
Kiedy kończycie pracę?	When do you finish work?
Czy pani się śpieszy?	Are you in a hurry?
Kogo widzisz? – Widzę Adama	Whom do you see? – I see Adam
Który pan woli hotel?	Which hotel do you prefer?
Wolę ten nowy	I prefer that new one

Note also:

Co ty mówisz?/Co pan mówi?	Really? Is that so? (lit. What are you saying?)

Mówi Londyn, Warszawa	This is London, Warsaw (lit. London, Warsaw speaking = radio announcements)

Some verbs regularly take an infinitive:

Lubię czytać/oglądać telewizję	I like to read/watch television
Wolę słuchać/widzieć	I prefer to listen/to see

MORE PREPOSITIONAL PHRASES

With the Accusative:

Kto płaci za bilet?	Who's paying for the ticket?
Patrzę na gazetę	I'm looking at the newspaper
Wierzę w Boga	I believe in God
Nie wierzę w to	I don't believe in that

With the Genitive:

Co robisz? – Dzwonię do domu	What are you doing? – I'm ringing (to) home
Dokąd pani się śpieszy?	Where are you hurrying to?
Śpieszę się do kina	I'm hurrying to the cinema

MORE CLAUSES WITH że

Cieszę się, że jesteś tu/tam	I'm glad (that) you're here/there
Mówią, że uczysz się polskiego	They say you're learning Polish
Słyszę, że pan wraca do Londynu	I hear you are returning to London
Widzę, że nie ma telefonu	I see that there isn't a telephone
Martwię się, że mam mało czasu	I'm worried that I have little time

■ TRAVEL

Czy pan/pani ma coś do oclenia?	Do you have anything to declare?
Nie, nie mam nic do oclenia	No, I've got nothing to declare

Proszę pana/panią o paszport	Your passport please
Czy to pana/pani pierwsza wizyta?	Is this your first visit?
Tak, jestem tutaj po raz pierwszy	Yes, I'm here for the first time
Proszę wypełnić deklarację celną	Please fill in the customs form
Życzę miłego pobytu	Have (lit. I wish you) a pleasant stay

Vocabulary

lotnisko -a	airport	neseser -u	small bag (cosmetics)
samolot -u	airplane		
pociąg -u	train	alkohol -u	alcohol
dwo|rzec-rca, stacja -i	station	papierosy*	cigarettes
		perfumy*	perfume
autobus -u	bus	flakonik perfum	bottle of perfume
taksówka -i	taxi	kontrola celna	customs control
paszport -u	passport	deklaracja celna	customs declaration
wiza -y	visa		
bilet -u	ticket	postój taksówek	taxi rank
kontrola -i	control	skąd	from where
bagaż -u	luggage	dokąd	to where
walizka -i	suitcase	wracać (-am, -asz)	to return
torebka -i	handbag		

*These are plural forms and will be explained later.

Exercise 4

Translate:

1. Where is the airport? 2. The airport is far away/close. 3. I'm waiting for a taxi. 4. Where is the taxi rank? 5. I have a passport and a visa. I don't have a ticket. 6. Where are you returning from? 7. We are returning from London/Warsaw. 8. I have a bottle of

wine, a litre of vodka and a bottle of perfume. 9. Whose is that suitcase? 10. That is my wife's suitcase. 11. Here's my passport and my customs declaration. 12. This is my daughter and my son. 13. We are here for the first time. 14. Where is your husband? 15. Is it far to the hotel?

LESSON FIVE
(Lekcja piąta)

MODAL VERBS

The following verbs are very common and very important. Take care to distinguish between them:

wiedzieć	to know (a fact)
umieć	to know (how to)
znać	to know (a person, place, thing)

ja	wiem	umiem	znam
ty	wiesz	umiesz	znasz
on ona ono	wie	umie	zna
my	wiemy	umiemy	znamy
wy	wiecie	umiecie	znacie
oni one	wiedzą	umieją	znają

Czy wiesz jak to się nazywa?	Do you know what this is called?
Wiem, że ona zna Edwarda	I know that she knows Edward
Umiem mówić po polsku	I know how to (I can) speak Polish
Nie umie prowadzić samochodu	He/she doesn't know how to drive
Czy znasz moją siostrę?	Do you know my sister?
Znamy Warszawę, Londyn	We know Warsaw, London

móc	can, be able to
musieć	must, to have to
mieć	have, be supposed to
chcieć	want, to wish to

ja	mogę	muszę	mam	chcę
ty	możesz	musisz	masz	chcesz
on ona ono	może	musi	ma	chce
my	możemy	musimy	mamy	chcemy
wy	możecie	musicie	macie	chcecie
oni one	mogą	muszą	mają	chcą

Czy mogę czekać?	Can I wait?
Kto/co to może być?	Who/what can that be?
Musimy siadać	We must sit down
Nie musi pan czekać	You don't have to wait
Co to ma być?	What is this supposed to be?
Co mam robić?	What am I supposed to do?
Masz odpoczywać	You're supposed to rest
Chcę ale nie mogę. – Musisz!	I want to but I can't. – You must!
Nie chcą słuchać	They don't want to listen

Look carefully at these verbs and their conjugations. You have already met **znać** and **mieć** (Lesson 3); **musieć** has the regular **-ę -isz** endings of verbs in Lesson 4 but notice the consonant change **muszę, muszą**, as with **prosić**. All the other verbs are irregular.

Rozumieć 'to understand' is another common irregular verb (see **umieć**):

Czy rozumiesz?	Do you understand?
Czy pan rozumie po polsku?	Do you understand Polish?
Rozumiem. Nie rozumiem pana	I understand. I don't understand you

Note: Modal verbs are usually followed by another verb in the infinitive.

Permission or prohibition can also be expressed by the use of **można, wolno + infinitive**:

Czy można palić?	Can one (may one) smoke?
wolno	Is one (is it) permitted to smoke?

The answer is 'yes' – **można/wolno (palić)** or 'no' – **nie można/nie wolno (palić)** with or without the verb.

Trzeba + infinitive means 'one (I, you) must, should, ought to'

Trzeba czekać	One has to wait
Nie trzeba się gniewać	You shouldn't be angry

Exercise 1

Translate:

1. Can we sit? 2. I don't want to wait. 3. Do you (sing. formal) know where he lives? 4. Can one sit? 5. I don't understand what he's saying. 6. Jane knows my brother. 7. Does he know how to read Polish? 8. I don't know. Do you (sing. casual) know?

ADVERBS

Adverbs are regularly formed by replacing the masculine singular ending of the adjective with **-o**, less frequently with **-e**:

młody	– młodo	young	długi	– długo	long (time)
stary	– staro	old	drogi	– drogo	dear(ly)
mały	– mało	a iittle	wysoki	– wysoko	tall, high
duży	– dużo	a lot, much	bliski	– blisko	near, close
trudny	– trudno	difficult, hard	daleki	– daleko	far
łatwy	– łatwo	easy, easily	tani	– tanio	cheap(ly)
miły	– miło	pleasant(ly)	głupi	– głupio	stupid(ly)
piękny	– pięknie	beautiful(ly)			
zły	– źle	bad(ly)	bardzo	= very, very much	
dobry	– dobrze	good, well			

Notice the spelling changes with **-e**.

Compare the use of adjectives and adverbs in the following:

ładna pogoda/dzisiaj jest ładnie	nice weather/today it is nice
zimny dzień/jest zimno	a cold day/it's cold
młoda kobieta/wygląda młodo	a young woman/she looks young
miłe miasto/jest tu miło	a pleasant town/it's pleasant here
bliski krewny/mieszka bardzo blisko	a close relative/he lives very near
długi czas/długo nie czekam	a long time/I'm not waiting long
trudny język/trudno mówić po polsku	a difficult language/it's difficult to speak Polish

Adverbs can precede or follow the verb. Take care with **blisko**, **daleko** used adverbially and as prepositions + Genitive case:

Mieszka bardzo blisko	He lives very close
Jest blisko do hotelu	It's close (i.e. not far) to the hotel

Some adverbial expressions

Miło pana/panią widzieć	It's nice to see you
Trudno! Musimy czekać	It can't be helped! We have to wait
Pięknie, ale gdzie to jest?	That's all well and good, but where is it?
O ile (dobrze) pamiętam, to jest tam	If I remember (rightly), it's there
Co słychać? – Wszystko dobrze	How are things? – Everything is well (fine)
Tak źle i tak niedobrze	It's bad whichever way you look at it (lit. like this is bad and like this is not good)

HOW MUCH?

See also expressions of quantity, Lesson 4.

bardzo	very	wszystko	everything
za	too	nic	nothing, not anything
dosyć	enough; quite, sufficient	trochę	a bit, a little

Ona mówi bardzo dobrze po polsku	She speaks Polish very well
To jest za dużo/za mało	This is too much/too little
Mamy dosyć dużo czasu	We have quite a lot of time
Czy to jest wszystko?	Is that everything (all)?
Nie chcę nic	I don't want anything

Also, idiomatically

Mam dosyć tego!	I'm fed up with this!/I've had enough!

| Co za dużo, to niezdrowo | Enough is enough/Too much of a good thing (lit. what is too much is not healthy) |
| To nic! | It's nothing! (Forget it!) |

HOW OFTEN?

jak często?	how often?	czasem	sometimes
nigdy	never	od czasu	from time
zawsze	always	do czasu	to time
zwykle	usually, normally	jak zawsze	as always
		jak zwykle	as usual,
rzadko	rarely		normal
(kiedy)	(hardly ever)	często	often

Jak często się spotykacie?	How often do you meet?
Nigdy nie mam czasu	I never have the time
Oglądamy telewizję, jak zwykle	We're watching television, as usual
Zawsze jest zimno	It's always cold
Czytam od czasu do czasu	I read from time to time

HOW LONG?

jak długo?	how long?	od dawna	(from, for) a long time
niedługo	not long	od niedawna	(from, for) a short time

Jak długo trzeba czekać?	How long does one have to wait?
Niedługo	Not long
Jak długo się znacie?	How long have you known each other? (lit. How long do you know each other)
Znamy się od dawna	We've known each other (for) a long time

Note: The use of the present tense in Polish but past tense in English in the last two examples.

ALREADY, STILL, NO MORE, NOT YET

już	already	już nie	no more, not any longer
	(now)		
jeszcze	still	jeszcze nie	not yet, still not

These are potentially confusing words in Polish. Take care with their usage:

Już czekają?	Are they waiting already?
Jeszcze czekasz?	Are you still waiting?
Jak długo trzeba jeszcze czekać?	How long does one still have to wait?
Już nie pamiętam	I don't remember any more
Jeszcze nie wiem	I don't know yet
Czy jest Ewa?	Is Ewa there?
– Już jest	– (Yes) she's already here
– Jeszcze nie	– (No) she's still not here

SPEAKING A LANGUAGE

Czy pan, pani mówi	po polsku?	Do you speak Polish?
	po angielsku	English
	po francusku	French
	po niemiecku	German

Mówię już trochę po polsku	I already speak a little Polish
Mówię dobrze/bardzo dobrze	I speak well/very well
źle/bardzo źle	badly/very badly
słabo/bardzo słabo	poorly/very poorly
	(lit. weakly)
Jak to się nazywa po polsku?	What is this called in Polish?
Nie wiem co to znaczy	I don't know what this means

Po polsku, po angielsku, etc. are adverbial expressions meaning, literally, 'in the Polish, English manner': **Czytam/myślę po polsku** 'I read/think in Polish', **Robimy to po polsku** 'We're doing this in the Polish way (manner)'.

TELEPHONE

Telefon do pana/pani	There's a telephone call for you
Kto mówi?	Who's speaking?
Przepraszam pomyłka	I'm sorry wrong number (lit. a mistake)
Nikt nie odpowiada	There's no answer (lit. no one is answering)
Numer jest zajęty	The number is engaged

Vocabulary

telefon -u	telephone	numer kierunkowy	dialling code
numer -u	number		
sygnał -u	signal, dialling tone	numer wewnętrzny	extension
		połączenie automatyczne	direct dialling
centrala -i	exchange		
połączenie -a	connection	dzwonić (-ię, -isz) (do)	to ring (someone)
rozmowa -y	conversation		
budka telefoniczna	telephone booth, call box	odpowiadać (-am, -asz)	to answer, reply
		wykręcić (-ę, -isz) numer	to dial a number
książka telefoniczna	telephone book, directory		
		łączyć (-ę, -ysz)	to connect, link

■ Conversations

Halo! Czy to Uniwersytet?	Hello! Is that the University?
– Tak, słucham pana.	– Yes (I'm listening).
Proszę wewnętrzny 02 (zero dwa).	Extension 02 please.
– Numer jest zajęty.	– The number is engaged.
Chwileczkę . . . łączę.	One moment . . . connecting you.

. . . Halo! Cybulski. Kto mówi?

– Dzień dobry Zygmunt. To ja Leszek.

Cześć! Bardzo dobrze, że dzwonisz. Spotykamy się dzisiaj?

– Spotykamy się u Adama. Nie pamiętasz? Ma nowe mieszkanie. Wiesz gdzie to jest?

– Wiem, to niedaleko parku. Mam jego adres.

Dobrze, do zobaczenia.

Hello! Cybulski. Who's speaking?

– Hello Zygmunt. It's me Leszek.

Hi! I'm glad (lit. it's very good) you're calling. Are we meeting today?

– We're meeting at Adam's. Don't you remember? He's got a new flat. Do you know where it is?

– (Yes) I know, it's not far from the park. I have his address.

Good, I'll be seeing you.

Mam dzisiaj dzwonić do Warszawy.

– To jest łatwe. Warszawa ma połączenie automatyczne. Trzeba wykręcić numer kierunkowy i czekać na sygnał a potem wykręcić numer warszawski.

Czy długo trzeba czekać na połączenie?

– Nie, zwykle niedługo.

Czy mogę stąd dzwonić?

– Proszę bardzo. Telefon jest tam.

I'm supposed to ring Warsaw today.

– That's easy. Warsaw has direct dialling (lit. an automatic connection). You have to dial the code and wait for the signal (dialling tone) and then dial the Warsaw number.

Does one have to wait long for a connection?

– No, normally not long.

Can I ring from here?

– Certainly. The telephone is there.

LESSON SIX
(Lekcja szósta)

THE VERBS 'to go' (iść, jechać)

Polish has two verbs 'to go'. They are irregular. Note the important distinction in their meaning:

Present tense

iść to go (on foot)   **jechać** to go (by means of transport)

idę	jadę
idziesz	jedziesz
idzie	jedzie
idziemy	jedziemy
idziecie	jedziecie
idą	jadą

Example:

Dokąd idziesz, jedziesz?	Where (to) are you going?
Idę do domu	I'm going home (to the house)
Jadę do Warszawy	I'm going (travelling) to Warsaw

Iść, jechać describe movement to-from a particular point (as in the above examples). 'To go', when it is a regular or habitual action as in: 'My daughter goes to school, I often go to Warsaw' is rendered by two different verbs which have the same distinction between going on foot or by transport.

chodzić

chodzę	chodzimy
chodzisz	chodzicie
chodzi	chodzą

jeździć

jeżdżę	jeździmy
jeździsz	jeździcie
jeździ	jeżdżą

These are regular -ić verbs (see p. 42) but note the variation ź/ż in jeździć.

Example:

Córka chodzi do szkoły	My daughter goes to school
Często chodzimy do kina	We often go to the cinema
Rzadko jeżdżę do brata	I rarely go to my brother's
Czy pan chodzi do kościoła?	Do you go to church?

Iść and chodzić have many figurative and idiomatic uses:

Idzie dobry film	There's a good film on
Zegarek nie idzie	My watch isn't going (has stopped)
Jak idzie?	How's it going?
Idzie dobrze/źle/jako tako	It's going well/badly/so so
O co chodzi (idzie)?	What's the problem? What's it all about?
Idziemy!	Let's go!

Note also:

Iść do łóżka/iść spać	To go to bed/go to sleep
Wychodzić za mąż	To get married (woman)
BUT żenić się	To get married (man)

To go to

Movement to a place is indicated, in most cases, by the preposition **do** + Gen. There are some very common examples, however, where 'to' is rendered by **na** + Acc. Remember them:

iść, chodzić/jechać, jeździć

na pocztę	to the post office	na plażę	to the beach
na rynek	to the market place	na wieś*	to the country (side)
na lotnisko	to the airport	na wyspę	to an island
na dworzec	to the station	na ulicę	onto the street
na przystanek (autobusowy)	to the (bus) stop	na uniwersytet	to university

*wieś (G. wsi) means, literally, 'village'.

The use of **na** 'on, on to' is connected, in Polish, with the idea of going to, on to an open space (on to a street, an island) but its usage is not always predictable.

Note: to say 'going to' meaning 'going up to, as far as' use **do**.

Compare:

Idę na pocztę
I'm going to the post office

Idę do poczty
I'm going as far as the post office

Idę na uniwersytet
I'm going to university
(I've been offered a place there)

Idę do uniwersytetu
I'm going to the university (the building)

Na meaning 'to, for, on' is also used with functions, events and recreations:

na koncert	to a concert	na piwo/kawę	for a beer/coffee
na balet/operę	to a ballet/opera	na obiad/kolację	for lunch/dinner
na wystawę	to an exhibition	na spacer	for a walk
		na weekend	for a weekend
na zabawę	to a dance	na urlop	for, on holiday
na lekcję	to a lesson		

'Going to do' certain things requires the plural (see next lesson):

na zakupy '(to go) shopping', **na ryby** 'fishing', **na narty** 'skiing', **na wakacje** 'on vacation', **na urodziny** 'to a birthday party', **na imieniny** 'to a name-day party'.

To go from, from out of a place: z + Gen.

Jestem z Polski	I'm from Poland	
Wracam z koncertu	I'm returning	from a concert
z poczty		from the post office
z miasta		from (the) town
z Londynu		from London
z urlopu		from holiday

To go for (to go and get): po + Acc.

Idę (jadę) po lekarza	I'm going for the doctor
Idzie po gazetę	He's going for the newspaper

Exercise 1

Translate:

1. We're going to the club. 2. Are you going for a coffee? 3. No, I must go home. 4. Where are you going for a holiday? 5. We're going to an island. 6. Where are you (sing. formal) going? 7. I'm supposed to go to the doctor. 8. I'm going to bed. 9. Is she going to the post office? 10. No, she's going shopping. 11. How's it going? 12. Thanks, it's going well. 13. My son is going to university and my daughter is going on holiday. 14. I'm sorry, my watch has stopped. 15. Are you going to sleep? 16. No, there's a good film on. 17. Does she often go to Warsaw? 18. My brother goes to school. 19. When are you (sing. formal) returning from holiday? 20. I rarely go fishing.

NEGATIVES

nikt (G. nikogo)	nobody, no one	ani. . .ani	neither. . .nor
nic (G. niczego)	nothing	ani jeden, jedna, jedno	not one
nigdy	never	żaden, żadna, żadne	not any
nic więcej	nothing more	(pl. żadni,	
nigdy więcej	never more	żadne)	

Kto/co to jest?-	Who/what is that?-
To jest nikt/nic	That's no one/nothing
Nigdy nie chodzę do kina	I never go to the cinema
Nie ma tam nikogo	There's no one there
Nie ma tu nic ciekawego	There's nothing interesting here
Nigdy nie jesteś chory	You're never ill
Dlaczego nigdy nic nie mówisz?	Why don't you ever say anything?

Nie ma ani jednej osoby	There's not one person here
To nie jest ani hotel ani klub	This is neither an hotel nor a club

Notice the use of the double negative in Polish:

Nigdy nie mam czasu	I never have (lit. do not have) the time
Nikt nic nie mówi	No one is saying anything (lit. No one is not saying nothing)

More phrases:

To jest do niczego	This is useless
To żadna pociecha	That's no comfort, consolation
Nic dziwnego	No wonder

FAMILY RELATIONS

mąż, męża – żona -y	husband – wife
ojc|iec -ca – matka -i	father – mother
syn -a – córka -i	son – daughter
brat -a – siostra -y	brother – sister
wuj|ek -ka – ciotka -i	uncle – aunt
dziad|ek -ka – babcia -i	grandfather – grandmother
wnuk -a – wnuczka -i	grandson – granddaughter
siostrze|niec -ńca – siostrzenica -y	nephew – niece
kuzyn -a – kuzynka -i	cousin (male) – cousin (female)
teś|ć -cia – teściowa -ej	father-in-law – mother-in-law
szwag|ier -ra – szwagierka -i/ bratowa -ej	brother-in-law – sister-in-law
dziecko -a	child
rodzina -y	family
rodzice -ów (pl.)	parents

DAYS OF THE WEEK

These are masculine or femine and have no initial capitals:

poniedział|ek -ku	Monday	dzisiaj (adv.)	today
wtor|ek -ku	Tuesday	jutro -a	tomorrow
środa -y	Wednesday	pojutrze (adv.)	day after
czwart|ek -ku	Thursday		tomorrow
piąt|ek -ku	Friday	wczoraj (adv.)	yesterday
sobota -y	Saturday	przedwczoraj	day before
niedziela -i	Sunday	(adv.)	yesterday

dzień, dnia	day	rano -a	morning
(pl. dni or dnie)		popołudnie -a	afternoon
tydzień, tygodnia	week	wieczór -u	evening
(pl. tygodnie)		noc -y	night
miesiąc -a	month	południe -a	noon
rok -u	year	północ -y	midnight
(pl. lata)			

EXPRESSIONS OF TIME

When?

Kiedy się spotykamy?

When do we meet?

W poniedziałek (poniedziałki), we* wtorek (wtorki), w środę (środy) . . . + Acc.
ON Monday (Mondays), Tuesday (Tuesdays), Wednesday (Wednesdays). . .

CO poniedziałek, co wtorek, co środę. . . + Acc.
EVERY Monday, Tuesday, Wednesday. . .

---

* w is spelled here **we** simply to aid pronunciation

Kiedy jedziesz na urlop?

When are you going on holiday?

ZA dzień, za tydzień, za miesiąc, za rok + Acc.

IN a day's, week's, month's, year's time

Rano, po południu, wieczorem, w nocy; w południe, o północy

IN the morning, afternoon, evening, IN/AT night; AT noon, midnight

More expressions of time

teraz	now	późno/	late/early
najpierw	first	wcześnie	
potem	then, later	do późna	until late
natychmiast	immediately	tego dnia/tej	that day/night
kiedyś	sometime, some day	nocy	
		co dzień/	every day/
od pewnego	for some time	tydzień	week
czasu	(past)	co roku	every year
przez chwilę/	for a moment/	od dzisiaj	from today
cały czas	the whole time	od rana do	from morning
		nocy	till night
ostatnio	lately, recently	obecnie	currently

How long for? – for, since (from)

Jak długo czekasz?

How long have you been waiting?*

Czekam OD (G.) poniedziałku, od wczoraj, od roku

I've been waiting SINCE Monday, yesterday, FOR a year

Na jak długo jedziesz?

How long are you going for?

Jadę NA (A.) tydzień, na miesiąc, na rok

I'm going FOR a week, month, year

*Note the use of the present tense in Polish (because the person is still waiting) but of the past continuous in English.

VERBS: PRESENT TENSE (-ę, -esz)

These endings apply to all verbs ending in **-ować** (the largest group), to monosyllabic verbs ending in **-ić, -uć, -yć**, and to some **-ać** verbs.

kupować to buy	pić to drink	pisać to write
kupuję	piję	piszę
kupujesz	pijesz	piszesz
kupuje	pije	pisze
kupujemy	pijemy	piszemy
kupujecie	pijecie	piszecie
kupują	piją	piszą

Notice the following changes: **kup-ować – kup-uję; pi-ć – pi-ję; pis-ać – pi-szę**. See also the endings of the modal verbs in Lesson 5.

Conjugated like their respective models above are:

adresować	to address	bić	to beat	kłamać	to lie
budować	to build	czuć się	to feel	(kłamię,	
chorować	to be ill	myć (się)	to wash	-esz)	
całować	to kiss		(oneself)	kąpać się to have	
dziękować	to thank	żyć	to live	(kapię,	a bath
fotografować	to photograph	ALSO		-esz się)	
kosztować	to cost	dawać	to give	płakać	to cry
pracować	to work	(daję,-esz)		(płaczę,	
żałować	to regret			-esz)	
żartować	to joke				
podróżować	to travel				

Verb usage

Co kupujesz?	What are you buying?
Kupuję książkę	I'm buying a book
Co pan studiuje?	What are you studying?
Studiuję (język) polski	I'm studying Polish
Żartujesz!	You're joking!
Żałuję, że nie jesteś tu	I regret that you are not here

Jak się czujesz?	How do you feel?
Dziękuję za wszystko	Thank you for everything
Do kogo piszesz?	Whom are you writing to?
Piszę do siostry	I'm writing to my sister.

■ **Exercise 2**

Translate:

Jak się czujesz?
– Dziękuję, dobrze . . . jestem
  trochę zmęczony.
Masz czas na kawę? Ja płacę.
– Nie mam czasu. Muszę
  pracować.
Żartujesz! Dzisiaj jest niedziela.
– No to co?* Czas to pieniądz.

*no to co 'so what?'

Exercise 3

Translate:

1. How do you (sing. formal) feel? 2. Why is she crying?
3. Thanks for the coffee. 4. Does she often write? 5. What are
you (sing. formal) drinking? 6. What's he buying? 7. She is
having a bath. 8. Is he alive?

GOING PLACES

kino -a	cinema	miasto -a	town, city
teatr -u	theatre	stolica -y	capital city
opera -y	opera	centrum	(town, city)
balet -u	ballet		centre
muzeum	museum	kraj -u	country
zam|ek -ku	castle	świat -a	world
pałac -u	palace	przewodnik-a	guide-book
pomnik -u	monument	morze -a	sea
ratusz -a	town hall	góra -y	mountain, hill
kości|ół -oła	church	jezioro -a	lake
ogr|ód -odu	garden	rzeka -i	river
park -u	park	las -u	forest
galeria	art gallery	zwiedzać (-am,	to tour, visit
(galerii)		-asz)	(a place)
sztuki		wybierać się	to set off, plan
wystawa -y	exhibition	(na/do)	to go (to)
ryn|ek -ku	market place	jechać za	to go abroad
plac -u	square	granicę	
restauracja -i	restaurant	wracać z	to return from
kawiarnia -ni	cafe	zagranicy	abroad
		jechać	to go officially,
		służbowo	on official
			business

Going (to) places – some exceptions: **iść/jechać w góry** 'to go to the mountains', **nad morze, jezioro, rzekę** 'to the seaside, the lake, the river'.

Conversation

Cześć Antek! Gdzie idziesz?

– Idę do Marii. Idziemy do teatru.
Czy często chodzicie do teatru?
– Od czasu do czasu. Zwykle chodzimy do kina. A ty?

Hello Antek! Where are you going?

– I'm going to Maria's. We're going to the theatre.
Do you often go to the theatre?
– From time to time. We usually go to the cinema. How about you? (lit. And you?)

Lubię chodzić na operę, na balet ale ostatnio nie mam czasu.

I like going to the opera, the ballet but lately I haven't had the time.

- Słyszę, że dużo jeździsz służbowo.

- I hear that you travel a lot on business.

Tak, jestem bardzo zmęczony. Jutro rano jadę do Warszawy a w poniedziałek do Krakowa.

Yes I'm very tired. Tomorrow morning I'm going to Warsaw and on Monday to Cracow (Kraków).

- Kiedy masz urlop?

- When do you have your holiday?

Za miesiąc. Jadę na tydzień nad morze a potem na tydzień w góry. A ty i Maria? Gdzie się wybieracie?

In a month's time. I'm going for a week to the seaside and then for a week in the mountains. What about you and Maria? Where are you planning to go?

- Chcemy jechać za granicę ale jeszcze nie wiemy gdzie.

- We want to go abroad but we don't yet know where.

LESSON SEVEN
(Lekcja siódma)

PLURAL (N. A.) OF NOUNS

The NOMINATIVE and ACCUSATIVE plural of most nouns (but *not* nouns referring to men) is formed as follows:

i (after k.g)		y (after hard cons.)		e (after soft cons.)	
Masc.					
bank	– banki	dom	– domy	pokój	– pokoje
park	– parki	numer	– numery	hotel	– hotele
pociąg	– pociągi	kot	– koty	kraj	– kraje

Fem.

matka	– matki	kobieta	– kobiety	kuchnia	– kuchnie
córka	– córki	lampa	– lampy	lekcja	– lekcje
Polka	– Polki	ryba	– ryby	pani	– panie

All **neuter** plural nouns end in **-a**

okno	– okna
morze	– morza
muzeum	– muzea

BUT neuter nouns ending in **-ę** change their stem: **imię – imiona**. There are very few of these.

Remember: A soft consonant is any consonant followed by **i** (**pani, kuchnia**) or indicated by an accent (**koń**). The letters **j** (**pokój**) and **l** (**hotel**) are also soft, but **ł** (**stół**) is hard. For hard and soft consonants re-read the Introduction.

Masculine and feminine nouns in c/cz/sz/ż(rz) also take the plural ending **-e**:

ulica – ulice 'streets'; **deszcz – deszcze** 'rains'; **nóż – noże** 'knives' **noc – noce** 'nights'

Some nouns form their plurals irregularly:

dzień – dni (or, **dnie**) 'days'; **ręka – ręce** 'hands'; **rok – lata** 'years'; **pies – psy** 'dogs'; **oko – oczy** 'eyes'; **ucho – uszy** 'ears'; **dziecko – dzieci** 'children'; **wieś – wsie** 'villages'

Some nouns are always plural:

drzwi 'door(s)'; **spodnie** 'trousers'; **okulary** 'glasses, spectacles'; **nożyce** 'scissors'; **imieniny** 'name-day'; **urodziny** 'birthday'.

NOMINATIVE PLURAL OF NOUNS REFERRING TO MEN (AND MIXED GENDER)

The Nominative plural of nouns referring to men has its own logic: **-i** after a hard consonant,**-y** after **k**, **g**. The distinction between these nouns and other nouns is an important one. Compare this with a similar distinction in the third person plural 'they': **oni** (they, men/mixed gender) and **one** (they, women and other things):

student	– studenci	students	Polak	– Polacy	the Poles
artysta	– artyści	artists	Anglik	– Anglicy	the English
turysta	– turyści	tourists			(men)
Francuz	– Francuzi	French-	kolega	– koledzy	friends
		men	*also*		(male)
mężczyzna	– mężczyźni	men	aktor	– aktorzy	actors
			chłopiec	– chłopcy	boys

Notice the consonant changes: t – ci/st – ści/z – zi(ź)/k – c/g – dz/ r – rz. Also the change in nouns ending in -iec.

A special Nominative plural form -owie is used for nouns referring to men and denoting professions, titles, family relationships:

pan – panowie '(gentle)men'; profesor – profesorowie 'professors'; Bóg – Bogowie 'Gods'; ojciec – ojcowie 'fathers'; syn – synowie 'sons' *but* brat – bracia 'brothers'; lekarz – lekarze 'doctors'; malarz – malarze 'painters'.

Two common pl. nouns ludzie 'people', rodzice 'parents' are by definition treated as mixed gender nouns.

Exercise 1

Rewrite the following sentences in the plural (both nouns and verbs):

1. Kolega czeka. 2. Gdzie jest chłopiec i dziewczyna? 3. Czy pan(pani) czeka? 4. Brat mieszka niedaleko. 5. To jest Polak a to jest Anglik. 6. Czy córka ma dziecko? 7. Kiedy pan profesor czyta gazetę? 8. Koleżanka mówi, że to jest Angielka. 9. Noc i dzień. 10. Czeka na studentkę z Londynu.

PLURAL OF ADJECTIVES

Adjectives, like nouns, have a special Nominative form for men. The Nominative and Accusative plural of all other adjectives ends in -e (the same as the neuter singular):

		Nom./Acc. **not men**	Nom **Men (and mixed gender)**
dobry -a -e	good	dobre	dobrzy (r – rz)
stary	old	stare	starzy
drogi	dear	drogie	drodzy (g – dz)
polski	Polish	polskie	polscy (k – c)
bliski	near, close	bliskie	bliscy
młody	young	młode	młodzi (d – dzi)
mały	small	małe	mali (ł – l)
duży	big, large	duże	duzi (ż – zi)
zły	bad, angry	złe	źli (zł – źl)
ciekawy	interesting	ciekawe	ciekawi
pierwszy	first	pierwsze	pierwsi (sz – si)
ostatni	last	ostatnie	ostatni
głupi	stupid	głupie	głupi

Similarly:

ten	te	ci
mój/twój	moje/twoje	moi/twoi
nasz/wasz	nasze/wasze	nasi/wasi
który? jaki?	które? jakie?	którzy? jacy?
czyj?	czyje?	czyi?

Remember **jego**, **jej**, **ich** and **to** (used impersonally) do not change for case or number.

Masculine nouns and adjectives

Masculine nouns and adjectives share a common grammatical peculiarity:

1 In the singular they distinguish between animates (living creatures) and inanimates (objects).
2 In the plural between men/mixed company and all other people, animals and things.

Singular Animate	Inanimate	Plural Not men	Men only
N. dobry student kot	dobry dom	dobre koty, domy, kobiety	dobrzy studenci koledzy
A. dobrego studenta kota	dobry dom	dobre koty, domy, kobiety	-------------------
G. dobrego studenta kota	dobrego domu	------------------------------	-------------------

The Accusative plural of nouns denoting men and the Genitive plural will be introduced in the next lesson.

Exercise 2

Translate:

1. She has nice eyes. 2. Her friends are not very interesting. 3. These old ladies are waiting. 4. Are those his parents? 5. What languages do you know? 6. Are there any English newspapers? 7. Are these people going on vacation? 8. Where are your brothers and your sisters? 9. Whose are these glasses? 10. Our cats are stupid.

COUNTRIES AND NATIONALITIES

Country		Person male-female	People
England	Anglia	Anglik – Angielka	Anglicy
Scotland	Szkocja	Szkot – Szkotka	Szkoci
Wales	Walia	Walijczyk – Walijka	Walijczycy
Ireland	Irlandia	Irlandczyk – Irlandka	Irlandczycy
Austria	Austria	Austriak – Austriaczka	Austriacy

Belgium	Belgia	Belg – Belgijka	Belgowie
Bulgaria	Bułgaria	Bułgar – Bułgarka	Bułgarzy
Canada	Kanada	Kanadyjczyk – Kanadyjka	Kanadyjczycy
China	Chiny	Chińczyk – Chinka	Chińczycy
Czechoslovakia	Czechosłowacja	Czech – Czeszka	Czesi
Denmark	Dania	Duńczyk – Dunka	Duńczycy
France	Francja	Francuz – Francuzka	Francuzi
Germany	Niemcy	Niemiec – Niemka	Niemcy
Greece	Grecja	Grek – Greczynka	Grecy
Holland	Holandia	Holender – Holenderka	Holendrzy
Hungary	Węgry	Węgier – Węgierka	Węgrzy
Italy	Włochy	Włoch – Włoszka	Włosi
Japan	Japonia	Japończyk – Japonka	Japończycy
Poland	Polska	Polak – Polka	Polacy
Portugal	Portugalia	Portugalczyk – Portugalka	Portugalczycy
Rumania	Rumunia	Rumun – Rumunka	Rumuni
Spain	Hiszpania	Hiszpan – Hiszpanka	Hiszpanie
Yugoslavia	Jugosławia	Jugosłowianin – Jugosłowianka	Jugosłowianie
America	Ameryka	Amerykanin – Amerykanka	Amerykanie
Russia	Rosja	Rosjanin – Rosjanka	Rosjanie

Europe	Europa	Europejczyk	Europejczycy
Great Britain	Wielka Brytania	Brytyjczyk	Brytyjczycy

UK	Zjednoczone Królestwo
EC	Wspólnota Europejska

USA   Stany Zjednoczone (Ameryki Północnej)
or USA (oo-ess-ah)

Middle East	Bliski Wschód (lit. Near East)
Far East	Daleki Wschód
Arab	Arab (m.) – Arabka (f.) – Arabowie (pl.)

kraj -u	country	cudzoziem|iec -ca foreigner(m.)
nar|ód -odu	nation	cudzoziemka -i foreigner (f.)
państwo -a	state	obcy -a -e (adj.) foreign

The names of the peoples (e.g. **Anglicy**) are Nom. plural men/ mixed gender forms derived from the masculine sing. (**Anglik**). *Remember*: N. **Anglicy** 'the English; English men'   N.A. **Angielki** 'English women'

Going to/from a country

Gdzie jedziesz na urlop?	Where are you going on holiday?
Skąd pan wraca?	Where are you returning from?

do/z (G.)		do/z		
	Anglii		Chin	Stanów Zjednoczonych
	Belgii		Węgier	
	Francji		Włoch	Wielkiej Brytanii
	Grecji		Niemiec	
	Polski			
	Ameryki *but* **na**		Bliski/Daleki Wschód	
	Kanady	**z**	Bliskiego/Dalekiego Wschodu	

Notice the double -ii ending in the Genitive for countries in **-ia**. **Chiny (Chin), Włochy (Włoch), Węgry (Węgier), Niemcy (Niemiec)** and **Stany Zjednoczone (Stanów Zjednoczonych)** are plural forms.

For how to say 'being *in* a country' see p. 104.

Adjectives derived from countries and denoting also their languages:

angielski -a -ie	kanadyjski	węgierski	jugosłowiański
szkocki	chiński	włoski	amerykański
walijski	czeski	japoński	rosyjski
irlandzki	francuski	polski	europejski
austriacki	niemiecki	portugalski	brytyjski
belgijski	grecki	rumuński	arabski
bułgarski	holenderski	hiszpański	

Plural: **-scy** (men, mixed gender), **-skie** (other nouns)

angielska pogoda, angielskie imię	English weather, English (first) name
polscy studenci, polskie dziewczyny	Polish students (male), Polish girls
Czy znasz grecki, rosyjski?	Do you know Greek, Russian?
Idziemy do chińskiej restauracji	We're going to a Chinese restaurant
Jakie są hiszpańskie hotele?	What are Spanish hotels like?

Remember:

Znam/studiuję polski, francuski	I know/I'm studying Polish, French
Uczę się (języka) polskiego	I'm learning Polish
Mówię po polsku	I speak Polish

Apart from the beginning of a sentence, capital letters for adjectives in Polish are used only in titles, names of companies etc.:

Polskie Radio i Telewizja	Polish Radio and Television
Brytyjskie Linie Lotnicze	British Airways (= Air Lines)

Nationality

Jakie pan/pani ma obywatelstwo?	What is your nationality? (lit. What citizenship have you got?)

Brytyjskie, amerykańskie,
polskie OR

British, American, Polish

Mam obywatelstwo . . . (+ as
above)

I've got . . . citizenship/I'm
a. . . citizen

Mam paszport brytyjski

I have a British passport

Jakiego pan jest
pochodzenia?

What's your ancestry? (of
what descent, origins are
you?)

Jestem pochodzenia polskiego

I'm of Polish descent

Some cities and their adjectives

London	Londyn – u	londyński
Paris	Paryż – a	paryski
Rome	Rzym – u	rzymski
New York	Nowy (–ego) Jork – u	nowojorski
Berlin	Berlin –a	berliński
Vienna	Wied|eń – nia	wiedeński
Moscow	Moskwa –y	moskiewski
Peking	Pekin –u	pekiński
Warsaw	Warszawa –y	warszawski

Exercise 3

Complete the following as in the example:

To jest (Englishman). On jest z (London). Jedzie do (Paris).
To jest Anglik. On jest z Londynu. Jedzie do Paryża.

1. To są (Germans). Oni są z (Berlin). Jadą do (Bulgaria).
2. To jest (Italian woman). Dzisiaj wraca do (Italy).
3. To jest (American). On jest z (New York). Zwiedza (Europe).
4. To są (Chinese) z (Peking). Uczą się (English).
5. To są (American girl students). One są pochodzenia (Polish).
6. Lubimy podróżować. Wybieramy się do (France) a potem do (Spain) i (Portugal).

7. Dzisiaj idziemy do (Chinese restaurant) a jutro do (an Italian one).
8. Wracamy do (Great Britain) z (Austria).
9. (The Japanese) lubią pracować.
10. Lubię (England) ale nie lubię pogody (English).

LESSON EIGHT
(Lekjca ósma)

PLURAL (A./G.) OF NOUNS REFERRING TO 'MEN'

The Accusative/Genitive of masculine nouns referring to men (mixed gender) is **-ów**. Compare this with the singular and plural forms you have learned so far:

Singular		Plural	
Nom.	Acc./Gen.	Nom.	Acc./Gen.
student	studenta	studenci	student-ów
Polak	Polaka	Polacy	Polak-ów
aktor	aktora	aktorzy	aktor-ów
pan	pana	panowie	pan-ów
ojciec	ojca	ojcowie	ojc-ów
mąż	męża	mężowie	mąż-ów
kolega	kolegę/-i	koledzy	koleg-ów
turysta	turystę/-y	turyści	turyst-ów

Some deviations and exceptions:

lekarz 'doctor'	lekarza	lekarze	lekarzy
malarz 'painter'	malarza	malarze	malarzy
nauczyciel 'teacher'	nauczyciela	nauczyciele	nauczycieli
'people'		ludzie	ludzi
brat 'brother'	brata	bracia	braci
mężczyzna 'man'	mężczyznę	mężczyźni	mężczyzn

The Acc./Gen. of most nouns denoting nationalities is formed regularly, like **Polak – Polaków**. But take care with the following:

Niemiec – Niemców, Holender – Holendrów, Węgier – Węgrów, Jugosłowianie – Jugosłowianów, Amerykanie – Amerykanów, Rosjanie – Rosjan.

Remember: Masculine nouns ending in **-a** decline like *feminine* nouns in the singular but like *masculine* nouns in the plural.

GENITIVE PLURAL OF OTHER MASCULINE NOUNS AND OF FEMININE AND NEUTER NOUNS

Masculine nouns with hard consonants take the ending **-ów**. Masculine and feminine nouns with soft consonants take the ending **-i**.

Masc. (hard)		Masc. (soft)		Fem. (soft)	
Nom./Acc.	Gen.	Nom./Acc.	Gen.	Nom./Acc.	Gen.
banki	banków	hotele	hoteli	lekcje	lekcji
kluby	klubów	dni(e)	dni	kuchnie	kuchni
stoły	stołów	tygodnie	tygodni	kawiarnie	kawiarni
koty	kotów *but*	pokoje	pokoi/	wakacje	wakacji
			pokojów		
		kraje	krajów		

Exceptions: **miesiąc** 'month' **miesiące – miesięcy**; **rok** 'year' **lata – lat**.

Feminine nouns ending in **-a** and neuter nouns drop the final vowel, but this can lead to changes:

Fem.		Neut.	
kobiety	kobiet	miasta	miast
żony	żon	słowa	słów (o-ó)
ulice	ulic	mieszkania	mieszkań(ni-ń)
mapy	map	nazwiska	nazwisk
siostry	sióstr (o-ó) *but*	okna	okien
matki	matek	uszy	uszu
Polki	Polek	oczy	oczu (ócz)
panie	pań (ni-ń)	dzieci	dzieci
		muzea	muzeów

Notice the introduction of **e** between a consonant and **k**: **matek**, **Polek**. Similarly: **Angielek, Francuzek, Amerykanek**.

THE GENITIVE PLURAL OF ADJECTIVES

The Genitive plural of adjectives (all genders) is **-ych/-ich**:

nowy, drogi	nowych, drogich	studentów, Polaków;
mój, twój	moich, twoich	kobiet, pań; słów, dzieci
który? jaki?	których? jakich?	
ten	tych	

For men (and mixed gender) Gen. pl. = also Acc. pl.

Pamiętam tych panów/te panie (Acc.)
Nie pamiętam tych panów/tych pań (Gen.)

NUMBERS 1–10

0 zero	5 pięć	pięciu
1 jeden	6 sześć	sześciu
2 dwa	7 siedem	siedmiu
3 trzy	8 osiem	ośmiu
4 cztery	9 dziewięć	dziewięciu
	10 dziesięć	dziesięciu

In Polish numbers decline. For the declension of 1 – 4, in the cases you already know, see below. Numbers from 5 upwards have two forms:

(1) The forms **pięć, sześć** etc. are restricted to the Nom/Acc. of nouns *except* those referring to men;
(2) at all other times *and* always when referring to men use **pięciu, sześciu**, etc.

Declension of 1–4

jeden (1) declines like an adjective and agrees with the noun to which it refers:

	Singular			Plural	
	Masc.	Fem.	Neut.	Men only	Other nouns
N.	jeden	jedna	jedno	jedni	jedne
A.	jeden (inanimate) jednego (animate)	jedną	jedno	jednych	jedne
G.	jednego	jednej	jednego		jednych

Examples

N. jeden student/jedna kobieta/   one student/one woman
   jedno słowo   one word
A. mam jednego studenta/jedną   I have one student/one sister
   siostrę

Jedni and **jedne** in the plural denote 'some'

Jedni mówią, że. . .   Some (people) say that. . .
Jedne czekają, jedne idą do   Some (women) are waiting,
   domu   some are going home

dwa (m.n.), **dwie** (f.); **trzy, cztery** (m.f.n.)

N.	dwa	dwie	trzy	cztery
A.	dwa	dwie	trzy	cztery
G.	dwóch (dwu)*		trzech	czterech

*The short form **dwu** is not often used.

MEN ONLY: when referring to men (in **all** the above cases) use: **dwóch (dwu), trzech, czterech**. There are, however, the following additional, distinctive forms for the Nom. only: **dwaj, trzej, czterej**.

Numbers and nouns

Numbers 1–4 + Nom. sing./pl.

jeden pan, bilet; **jedna** pani, lekcja; **jedno** słowo	one man, ticket; one lady, lesson; one word
dwa/trzy/cztery bilety, słowa; **dwie** panie, lekcje	two/three/four tickets, words; two ladies, lessons
dwaj/trzej/czterej panowie, studenci	two/three/four men, students

Or

dwóch/trzech/czterech panów, studentów (+ Gen. pl. as with numbers from 5 upwards)

Numbers from 5 upwards + Gen. pl.

pięć/sześć biletów, słów	five/six (of) tickets, words
pięć/sześć pań, lekcji	five/six (of) ladies, lessons
pięciu/sześciu panów, studentów	five/six (of) men, students

Take care. Remember that the case/form of the number can be determined also by e.g. a verb, preposition or prepositional phrase:

Mam dwie siostry i dwóch braci	I have two sisters and two brothers
Piszę do dwóch sióstr i do dwóch braci	I'm writing to (my) two sisters and two brothers
Nie znam (Gen. after **nie**) tych trzech pań	I don't know these three ladies
Czekam na pięć Polek/pięciu Anglików	I'm waiting for five Polish women/five Englishmen

Numbers and verbs

After the numbers 2–4 the verb is in the plural:

dwie siostry pracują	two sisters are working
trzy panie czekają	three ladies are waiting

After all other numbers, *and* with **dwóch**, **trzech**, **czterech** referring to men, the verb is singular:

jeden brat pracuje		one brother is working	
dwóch braci jeszcze chodzi do szkoły		two brothers are still going to school	
pięć pań	⎫ czeka	five ladies	⎫ are waiting
pięciu panów	⎭	five men	⎭

But

dwaj/trzej/czterej panowie czekają.

INDEFINITE NUMBERS

These have two forms only, like numbers from 5 upwards, and also require the Genitive:

ile? – ilu?	how many/ much (of)?	kilka – kilku	a few
		kilkanaście –	several (a dozen
wiele – wielu	many/much	kilkunastu	or more)
niewiele – niewielu	not many/ much	kilkadziesiąt – kilkudziesięciu	twenty or more
sporo (adv.)	quite a few, quite a bit	kilkaset –	several
		kilkuset	hundred
parę – paru	a couple of		

Ile masz czasu? – Niewiele	How much time have you got? – Not much
Ilu jest studentów? – Kilkuset	How many students are there? – Several hundred
Czy masz wielu braci? – Sporo	Do you have many brothers? – Quite a few
Tyle tu jest miejsca	There's so much room here
Mam parę pokoi i kuchnię	I've got a couple of rooms and a kitchen

After an indefinite number the verb is in the singular:

Wiele kobiet pracuje	Many women work
Kilku kolegów chodzi na ryby	Several of my friends go fishing

SOMEONE, SOMETHING, ALL, EVERYONE, EVERYTHING

ktoś	someone	jakiś, jakaś,	some (kind of)
coś	something	jakieś (pl.	
wszystko	everything, all	jacyś, jakieś)	
(adv.)		wszyscy (pl.)	everyone, all
każdy -a -e	every, each one	wszystkie	

Ktoś mówi	Someone's speaking
Coś tu jest źle	There's something wrong here
Czy wszyscy są?	Are they (men) all here?
wszystkie	(women)
Czy to wszystko?	Is this all?
Tak, to wszystko	Yes, this is all
Jakaś kobieta czeka na pana	There's some (strange) woman waiting for you
Każde słowo jest ważne	Every word is important

Note: **kto**? **co**? – who? what?, **jaki**? – what kind of? *But* **ktoś, coś** – someone, something, **jakiś** – some kind of.

Exercise 1

Answer the following as in the example:

Ilu masz braci? (one/two/five brothers)
Mam jednego brata/dwóch braci/pięciu braci.

1. Czy masz brata i siostrę?	(3 brothers and two sisters)
2. Co robią twoje siostry?	(one is working, two still go to school)
3. Jak długo czekasz?	(4 weeks/6 weeks/10 years)
4. Ile macie pokoi?	(2 small rooms/5 large rooms)
5. Ilu jest turystów?	(1 Englishman, 6 Hungarians and 5 German women)

6. Na kogo czekasz?	(2 American friends and their wives)
7. Czy masz dużo czasu?	(not much/a few days/6 months)
8. Ile znasz języków?	(quite a few/8 languages)

Exercise 2

Translate:

1. This is my wife, my son and my daughter.
2. I've got four brothers but not one sister.
3. We have neither a son nor a daughter.
4. I have two German cousins.
5. Are your parents still alive?
6. No, my father is not alive any more.
7. Do you know my family?
8. I know your wife, your two sons and your sister-in-law.

■ **Conversation**

Masz dużą rodzinę?	Do you have a large family?
Mam dwóch braci, trzy siostry, dwóch wujków, dwie ciotki, czterech siostrzeńców, jedną siostrzenicę i pięciu kuzynów.	I have two brothers, three sisters, two uncles, two aunts, four nephews, one niece and five cousins.
Czy to wszystko?	Is that all?
Nie, mam żonę, córkę i dwa koty.	No, I've a wife, a daughter and two cats.

LESSON NINE
(Lekcja dziewiąta)

PAST TENSE

Unlike the present tense, the past tense distinguishes between the three genders in the singular, and between men only and all other nouns in the plural. This sexist grammatical distinction in the plural (also of nouns and adjectives) should be familiar by now.

The past tense is formed very simply: remove the final -ć of the infinitive and add the endings below. The verb być can serve as a model:

Singular

	Masc.		Fem.		Neut.
ja	by–łem		by-łam		
ty	by-łeś		by-łaś		
on	by-ł	ona	by-ła	ono	by-ło

Plural

	men only		other nouns
my	by-liśmy		by-łyśmy
wy	by-liście		by-łyście
oni	by-li	one	by-ły

Note: In the first and second person plural of the past tense the stress is, exceptionally, on the third syllable from the end:

byliśmy, byliście / mogłyśmy, mogłyście

Similarly:

kochać 'to love':   kochałem, kochałam/kochali, kochały
mówić 'to say, speak': mówiłem, mówiłam/mówili, mówiły
żyć 'to live':   żyłem, żyłam/żyli, żyły

Verbs ending in -eć show a slight deviation from the general rule. Their characteristic feature is the change of e to a before ł

mieć 'to have': miałem, miałam   – miały *But* mieliśmy, etc.
chcieć 'to want': chciałem, chciałam – chciały chcieliśmy
słyszeć 'to hear': słyszałem, słyszałam – słyszały słyszeliśmy

Similarly: **umieć** 'to know (how to)', **musieć** 'to have to', **siedzieć** 'to sit (be sitting)', **widzieć** 'to see', **wiedzieć** 'to know (a fact)', **myśleć** 'to think'.

Irregular:

móc 'be able to': mogłem, mogłeś, mógł – mogliśmy, mogliście, mogli

mogłam, mogłaś, mogła– mogłyśmy, mogłyście, mogły

iść 'to go': szedłem, szedłeś, szedł – szliśmy, szliście, szli

szłam, szłaś, szła – szłyśmy, szłyście, szły

But the other verbs 'to go' **jechać**, **jeździć** and **chodzić** are all regular.

In colloquial speech the endings **-ś -śmy -ście** are often separated from the verb and added to a preceding word:

Gdzie byłeś?   Where were you?   Co mówiłaś?   What were
Gdzieś był?   Coś mówiła?   you saying?

■ Uses of the past

The past tense is the tense of past description. It translates English 'was doing', 'have/had been doing', 'did'. It has several uses:

(1) To describe an action or state of affairs going on/existing in the past:

Gdzie byłeś wczoraj? – Czekałam.	Where were you yesterday? – I was waiting.
Dzwoniłem rano. Nikt nie odpowiadał.	I rang in the morning. No one answered.
Dlaczego nie dzwoniłeś wieczorem?	Why didn't you ring in the evening?
Przepraszam, nie miałem czasu.	I'm sorry I didn't have the time.
Szedłem do domu. Widziałem Teresę.	I was going home. I saw Teresa.
Szła do kina. Szliśmy razem.	She was going to the cinema. We walked together.
Pytała się co teraz robisz.	She was asking what you are doing now.

| Nie wiedziała, że masz nowe mieszkanie. | She didn't know that you had a new flat. |
| Myślałem, że często się spotykacie. | I thought you met often. |

(2) To describe duration, period of time during/for which something had happened:

Jak długo mieszkaliście tam?	How long did you live there?
Mieszkaliśmy tam dwa lata.	We lived there two years.
Jak długo pani pracowała?	How long did you work?
Pracowałam rok.	I worked for a year.

(3) To describe two actions which happened/were happening at the same time:

| Wracałem do domu i widziałem wszystko. | I was returning home and I saw everything. |
| Siedziała i myślała co robić. | She was sitting and thinking what to do. |

(4) To describe a habitual action in the past ('used to'):

| Spotykaliśmy się często. | We used to meet often. |
| Chodziliśmy do szkoły razem. | We used to go to school together. |

PERSONAL PRONOUNS

Singular

Nom.	Acc.		Gen.		Dative*	
ja	mnie,mię		mnie,mię		mnie,mi	
ty	ciebie,cię		ciebie,cię		tobie,ci	
on	jego,go	(niego)	jego,go	(niego)	jemu,mu	(niemu)
ona	ją	(nią)	jej	(niej)	jej	(niej)
ono	je	(nie)	jego,go	(niego)	jemu,mu	(niemu)

*The Dative case is a new case. Its meaning and use is explained below.

Plural

my	nas		nas		nam	
wy	was		was		wam	
oni	ich	(nich)	ich	(nich)	im	(nim)
one	je	(nie)	ich	(nich)	im	(nim)

Use the short forms **mię, cię, go, mi, ci, mu** unless the pronoun is stressed or follows a preposition:

Widziałem go wczoraj.	I saw him yesterday.
Widziałem jego, nie ciebie.	I saw *him*, not *you*.
Czekałeś na mnie?	Were you waiting for me?

The forms in brackets (**niego, nią**, etc.) are used only after prepositions:

Mam list dla niego od niej.	I have a letter for him from her.
Dzwoniłem do ciebie dzisiaj.	I rang you today.

More examples:

Widziałeś Martę?	Did you see Marta?
Widziałem ją/nie widziałem jej.	I saw her/I didn't see her.
Czy znasz Jane i Bette?	Do you know Jane and Bette?
Znam je/nie znam ich.	I know them/I don't know them.

Exercise 1

Translate:

1. Someone was ringing you in the morning . . . a Frenchwoman.
   What did she want?
   She didn't say and I didn't ask.
2. Where were you yesterday? I waited for you.
   I'm sorry, I didn't know. I thought that I was to ring you today.
3. Where's Frank? Have you seen him?
   Yes, he was here. We were talking.
   Where is he now?
   He couldn't wait. He had to go home.
4. Hello, Maria. I haven't seen you for a long time.
   I wanted to ring you yesterday but it was too late.
   It's good that you didn't ring – I was working.

5. I heard that you used to know her.
   Yes, we used to go to school together. We used to meet from
   time to time.

DATIVE CASE

The Dative case is used primarily as the case of the indirect object:

Subject	Jan kupuje	Jan is buying
Direct object	Jan kupuje **dom**	Jan is buying a house
Indirect object	Jan kupuje **matce** dom	Jan is buying (to) mother a house

Subject (Nom.)	Direct object (Acc.)	Indirect object (Dat.)

Masc.

student	studenta	studentowi	**-owi** (most nouns)
Polak	Polaka	Polakowi	
syn	syna	synowi	
brat	brata	bratu	**-u** (few, mostly
ojciec	ojca	ojcu	monosyllabic)
pan	pana	panu	

Fem.

kobieta	kobietę	kobiecie	**-e** (after hard con-
matka	matkę	matce	sonants but,
siostra	siostrę	siostrze	notice **t-ci, r-rz, k-c**)
babcia	babcię	babci	**-i** (after soft
pani	panią	pani	consonants)

Masc. nouns in **-a** = fem. nouns: **kolega, kolegę, koledze (g-dz),
mężczyzna, mężczyznę, mężczyźnie (z-ź), turysta, turystę,
turyście (st-ść)**.

Neut.

morze	morze	morzu	**-u** (all neuter nouns)
dziecko	dziecko	dziecku	

The Dative plural of all nouns is **-om**: **studentom, Polakom, kobietom, paniom, kolegom, morzom** *but* notice **dzieciom, braciom**.

Dative (sing. + pl.) of adjectives and numbers:

M. + N.		F.	Plural
nowy,	nowemu,	nowej,	nowym,
drogi	drogiemu	drogiej	drogim
mój,	mojemu,	mojej,	moim,
twój	twojemu	twojej	twoim
który?	któremu?	której?	którym?
jaki?	jakiemu?	jakiej?	jakim?
ten	temu	tej	tym
jeden	jednemu	jednej	jednym
dwa (m.),			dwom (dwu)
dwie (f.)			
trzy,			trzem,
cztery			czterem

kto? = komu? 'to whom?'
nikt = nikomu 'to no one'

Uses of the Dative

As the case of the indirect object:

Co kupujesz bratu/siostrze?	What are you buying your brother/sister?
Kupuję mu/jej prezent.	I'm buying him/her a present.

Often with common verbs and in common expressions:

Proszę mi pokazać, gdzie to jest.	Please show me where this is.
Dziękuję ci (panu, pani) za pomoc.	Thank you for your help.

Jestem ci (panu, pani) bardzo wdzięczny.	I'm very grateful to you.
Jest mi miło pana (panią) poznać.	I'm pleased to meet you (=to me it is pleasant).
Życzymy wam zdrowia i szczęścia.	We wish (to) you health and happiness.
Daję ci moje słowo. Wierzę ci.	I give (to) you my word. I believe you.
Komu pomagasz?	(To) whom are you helping?
Pomagam braciom/kolegom.	I'm helping (to) my brothers/ friends.
Mówiłem ci, że nie mam czasu.	I told (to) you that I haven't the time.

Note also the following:

Zimno/gorąco mi	I'm cold/hot (=to me it's cold/ hot)
Nudzi mi się	I'm bored
Wstyd mi	I'm ashamed
Żal mi go/jej	I'm sorry for him/her
Brak mi słów	I'm at a loss for words
Zdaje mi się, że . . .	It seems to me that . . .
Chce mi się spać	I'm sleepy

The Dative is used after four prepositions:

dzięki 'thanks to'; **wbrew** 'contrary to'; **ku** 'towards'; **przeciw(ko)** 'against'

Dzięki tobie/Dzięki Bogu!	Thanks to you/Thank God!
Wbrew temu co mówisz, to nie prawda	Contrary to what you're saying that's not true
Ku wieczorowi	Towards evening
Nie mam nic przeciwko temu	I've got nothing against it

THE BODY

twarz -y	face	głowa -y	head
oko -a (pl.) oczy, oczu	eye	szyja -i	neck
ucho -a (pl.) uszy, uszu	ear	plecy (pl.), -ów	back
nos -a	nose	ramię, ramienia (pl.) ramiona, ramion	shoulders
policz|ek –ka	cheek	ręka -i (pl.) ręce, rąk	hand, arm
czoło -a	forehead	pal|ec -ca	finger, toe
usta (pl.), ust	mouth	noga -i	leg
warga -i	lip	stopa -y	foot
język -a	tongue	pięta -y	heel
ząb, zęba, (pl.) zęby, -ów	tooth	kolano -a	knee
broda -y	chin/beard	żołąd|ek -ka, brzuch -a	stomach
gardło -a	throat	płuco -a	lung
skóra -y	skin	włosy (pl.), -ów	hair
serce -a	heart	wąsy (pl.), -ów	moustache
krew, krwi	blood	szpital -a	hospital
kość, kości	bone		

HOW DO YOU FEEL?

Jak się czujesz/czujecie?	How do you feel? (casual sing./pl.)
Jak się pan/pani czuje?	(formal sing. man/ woman)
Jak się państwo czują?	(formal pl. mixed company)
Jak się panowie/panie czują?	(formal pl. men/ women)
Co ci jest? – Nic	What's the matter with you? – Nothing

Czuję się dobrze, źle   I feel well (good), unwell (badly)
Jestem chory (adj.)   I'm ill (sick)

In Polish you have ills, ailments (as in English), or something aches, hurts you:

Co ⎫   What hurts?
   ⎬ cię (pana, panią) boli?   Where does it hurt?/Where do
Gdzie ⎭   you have a pain?
Mam ból głowy, grypę,   I've got a headache (=ache of
   temperaturę   the head), flu, a temperature
Boli mnie głowa, noga, gardło My head, leg, throat hurts
Bolą mnie oczy, uszy, zęby   My eyes, ears, teeth hurt

Boli, bolą are the third person singular and plural forms of **boleć** 'to hurt, ache' (conjugated like **-ę, -isz** verbs in Lesson 4). Past tense = **bolał, -a, -o; bolały.** You are unlikely to meet forms other than those used here.

■ **Conversation**

Co ci jest? Nie wyglądasz bardzo dobrze.

– Jestem chory. Od rana mam temperaturę. Raz mi jest zimno raz gorąco. Wszystko mnie boli – głowa, gardło, ręce, nogi. Wczoraj bolały mnie oczy i nie mogłem spać, dzisiaj nie mogę nic jeść. Brałem aspirynę, lekarstwo – nic nie pomaga. Czuję się słabo.

To nic groźnego. Masz grypę. To ta angielska pogoda. Dużo ludzi teraz choruje. Byłeś u doktora?

– Byłem. Mówił, że mam iść do łóżka, brać witaminę C i odpoczywać. On nie wie co mi jest. Wszystko mnie boli . . . jak mogę odpoczywać?

Starość nie radość.

– Dobrze ci żartować. Ty nie jesteś chora.

What's the matter with you? You don't look very well.

– I'm ill. I've had a temperature since this morning. First I'm cold then I'm hot. Everything hurts – my head, my throat, my arms, my legs. Yesterday my eyes hurt and I couldn't sleep, today I can't eat

anything. I've taken aspirin, medicine – nothing helps. I feel weak.
It's nothing serious. You have flu. It's this English weather. A lot
of people are sick now. Have you been to the doctor?
– Yes, I've been. He said, that I'm to go to bed, take vitamin C
and rest. He doesn't know what's the matter with me. Everything
hurts . . . how can I rest?
Old age is no joy.
– It's all right for you to joke. You're not ill.

LESSON TEN
(Lekcja dziesiąta)

INSTRUMENTAL CASE (by means of)

Only three new endings need to be learned: for masc. and neut.
nouns **-em** (**-iem** after **k, g**); for fem. nouns **-ą**. In the plural nouns
(with few exceptions) end in - **ami**.

The Instrumental, as its name implies, denotes the instrument with
which or the means by which something is done.

It is commonly used for means of travel:

Jechać autobusem (autobusami)	To go (travel) by bus
pociągiem (pociągami)	train
samochodem (samochodami)	car
rowerem (rowerami)	bicycle
taksówką (taksówkami)	taxi
kolejką	underground
podziemną/	metro
metrem	
Iść piechotą/na piechotę	To go on foot
pieszo	

Iść, as we have seen in Lesson 7, means implicitly to go on foot,
walk – in the above example the fact is merely emphasised.

Similarly, it can mean 'by means of/with':

pisać piórem, ołówkiem	(piórami, ołówkami)	to write with(in) pen, pencil
myć się wodą		to wash oneself with water
bawić się piłką, zabawką	(piłkami, zabawkami)	to play with a ball, toy
ruszać głową, nogą	(głowami, nogami)	to move (with) one's head, leg
machać ręką	(rękami)	to wave one's hand

The Instrumental is also used after the following prepositions to show location:

między between — między górami a morzem
between the mountains and the sea
nad above, over — nad nami; mieć dach nad głową
above us; have a roof over one's head
pod under, below — pod stołem, łóżkiem
under the table, bed
przed in front of — przed hotelem, domem
in front of the hotel, house
za behind, beyond — za domem, morzem
behind the house, beyond the sea

also with:
z (together) with — rozmawiam z bratem
I'm talking with my brother

Remember that **z + Gen.** means 'from out of a place' (**z Londynu** 'from London').

Some more examples with prepositions:

mieszkam za granicą — abroad (lit. beyond the frontier)
za miastem — outside of town
pod Londynem — on the outskirts of London
pod numerem 10 — at number 10
nad Tamizą/Wisłą — on (the banks of) the Thames/Vistula

nad rzeką	on the river (side)
nad morzem	at the seaside
zgadzam się z panem	I agree with you
za twoim pozwoleniem	with your permission
Pieśń nad Pieśniami	Song of Songs
między młotem a kowadłem	between the devil and the deep blue sea (lit. between the hammer and the anvil)

Note: The Instrumental is used with these prepositions when they denote location. *But* when used with verbs of motion (**iść, jechać**) they require the Accusative – the so-called Accusative of motion.

Compare:

Jadę za granicę/za miasto (Acc.)	**Mieszkam za granicą/za miastem (Instr.)**
I'm going abroad/out of town	I live abroad/outside of town
Jadę nad morze	**Jestem nad morzem**
I'm going to the seaside	I'm at the seaside

The Instrumental after verbs:

Interesuję się teatrem/filmem	I'm interested in the theatre/the cinema
Opiekuję się dzieckiem/domem	I take care of (look after) the child/home
Kto rządzi krajem?	Who rules the country?
Tęsknię za domem/rodziną	I long for (I miss) my home/family

Instrumental (sing. + pl.) of adjectives, numbers and personal pronouns:

	M. + N.	F.	Plural
nowy, drogi	nowym, drogim	nową, drogą	nowymi, drogimi
który? jaki?	którym, jakim	którą, jaką	którymi, jakimi
mój, twój	moim, twoim	moją, twoją	moimi, twoimi
ten	tym	tą	tymi
jeden	jednym	jedną	jednymi
dwa (m.) dwie (f.)			dwoma dwiema
trzy, cztery			trzema, czterema

Pronouns

ja, ty	– mną, tobą	my, wy	– nami, wami
on, ono/ona	– nim/nią	oni, one	– nimi

co? = czym?
kto? = kim?
nikt = nikim

BYĆ AND THE INSTRUMENTAL (Adjectives and nouns)

A very important use of the Instrumental is to express position, profession or nationality:

Kim/czym pan jest?	Who/what are you?
Jestem studentem, turystą, lekarzem	I'm a student, a tourist, a doctor
Kim on/ona jest?	Who is he/she?
On jest Polakiem, Anglikiem	He is a Pole, an Englishman
Ona jest moją siostrą, nową studentką	She is my sister, a new student
On jest nikim	He's no one

Similarly:

Londyn jest stolicą Anglii	London is the capital of England
Mowa jest srebrem, milczenie złotem	Speech is silver, silence golden

You have already met (Lesson 1) the use of **jestem** + proper name in the Nominative, as in: **Jestem Adam Smith** 'I'm Adam Smith'. Remember also that the Nominative is always used after **to**: **To jest Polak, student** 'This is a Pole, a student'.

BYĆ AND THE NOMINATIVE (Adjectives)

After **być** adjectives referring to the subject are in the Nom. case. *But* when the adjective qualifies a noun (as above) both are put into the Instr. case. Compare:

(Ja) jestem stary (Nom.) I am old	**Jestem starym doktorem (Instr.)** I am an old doctor
Maria jest wysoka (Nom.) Mary is tall	**Maria jest wysoką dziewczyną (Instr.)** Mary is a tall girl

Some irregular Instrumental plurals:

koń 'horse': **koniem – końmi**; **brat** 'brother': **bratem – braćmi**; **gość** 'guest': **gościem – gośćmi**; **dziecko** 'child': **dzieckiem – dziećmi**; **przyjaciel** 'friend, companion': **przyjacielem – przyjaciółmi**; **pieniądze** (pl.) 'money': **pieniędzmi**; **człowiek** 'man': **człowiekiem – ludźmi**; **rok** 'year': **rokiem – latami**.

■ **Conversation**

Gdzie się spotykamy? – Przed hotelem.

Where are we meeting? – In front of the hotel.

Przed którym hotelem? – Przed tym nowym.

In front of which hotel? – That new one.

Z kim się spotykamy? – Z dwoma kolegami.

Whom are we meeting with? – With two friends.

Z którymi? – Nie znasz ich. Jeden jest Anglikiem a drugi Francuzem.

Which ones? – You don't know them. One is English and the other (the second) is French.

Co robimy? – Idziemy z nimi do kina.

What are we doing? – We're going with them to the cinema.

Czym jedziemy? Autobusem czy taksówką?

Nie jest daleko. Idziemy pieszo.

How are we going? By bus or taxi?

It's not far. We're going on foot.

Exercise 1

Translate (use the casual, singular form of 'you'):

1. I don't like travelling by bus. 2. Did you talk with them? 3. We're going on holiday with the children. 4. I can't write with this new pen. 5. I travelled to London with Barbara.

CZY and ALBO

We have met **czy?** as a word which introduces a simple question. It is also used in asking/answering more complex questions and as a conjunction. Compare:

Czy pan jest Anglikiem?

Czy pan jest Anglikiem CZY Polakiem?

Czy idziesz do domu CZY nie idziesz?

Nie wiem, CZY iść CZY nie.

Pytał się, CZY jesteś chora.

Are you English?

Are you English OR Polish?

Are you going home OR not?

I don't know WHETHER to go OR not.

He was asking WHETHER you are ill.

Albo always suggests a choice between two options 'either . . . or'

ALBO tu ALBO tam.

ALBO pan jest Anglikiem ALBO Polakiem.

Być ALBO nie być.

EITHER here OR there.

EITHER you're English OR Polish.

To be OR not to be.

ZAWÓD (Occupations, professions)

Czym pan/pani jest z zawodu? What's your occupation? What
profession are you in?

aktor –	actor	dyrektor	director
aktorka	actress	profesor	professor
dziennikarz –	journalist	inżynier	engineer
dziennikarka		mechanik	mechanic
fryzjer –	hairdresser	architekt	architect
fryzjerka		chemik	chemist
kelner –	waiter	fizyk	physicist
kelnerka	waitress	listonosz	postman
lekarz –	doctor	kolejarz	railwayman
lekarka		górnik	miner
malarz –	painter	szef	boss
malarka		bezrobotny	unemployed
nauczyciel –	teacher	(adj.)	
nauczycielka		bezrobocie -a	unemployment
pielęgniarz –	nurse	emerytura -y	old-age
pielęgniarka			pension
pisarz –	writer	być na	to be retired,
pisarka		emeryturze	on a pension
poeta – poetka	poet	zarabiać (-am,	to earn money
sekretarz –	secretary	-asz)	
sekretarka		praca -y	work
student –	student	kariera -y	career
studentka		zaw|ód -odu	occupation,
urzędnik –	clerk, official		profession,
urzędniczka			trade
pracownik –	employee	pensja -i	salary, wages
pracownica		instytut -u	institute
robotnik –	worker,	stocz|nia -ni	shipyard
robotnica	workhand	przedsiębior-	enterprise
kierownik –	manager,	stwo -a	(business,
kierowniczka	supervisor		trade)
policjant –	policeman/	związ|ek -u	union
policjantka	woman	fabryka -i	factory

firma -y	firm, company	związki	trade unions
biuro -a	office	zawodowe	
posada -y	post, position	strajk-u	strike

Some job titles only have one form – the masculine, or only the one form is commonly used, particularly when addressing people: **to jest pan professor Zin, czy jest pani dyrektor?**

Lekarz and **doktor** are largely synonymous: **on jest lekarzem/doktorem** 'he is a doctor' (by profession), *but* **to jest doktor Krew** 'this is Dr Blood' (title).

■ **Translations**

Nasza rodzina jest duża. Kiedy byliśmy dziećmi, mieszkaliśmy wszyscy razem. Teraz tylko siostra mieszka z rodzicami.
Ojciec jest lekarzem. Matka jest nauczycielką. Jeden brat jest inżynierem – ma dobrą posadę i dużo zarabia. Drugi brat jest chemikiem. Jest przedstawicielem dużej firmy międzynarodowej. Musi ciężko pracować i często podróżuje do dalekich krajów. Siostra chodzi jeszcze do szkoły. Chce być pisarką albo architektem. Ja jestem studentem. Chodzę na uniwersytet, studiuję historię. Nie wiem, czym chcę być – może dziennikarzem.

Our family is large. When we were children we all lived together. Now only my sister lives with my parents.
   My father is a doctor. My mother is a teacher. One brother is an engineer – he has a good position and earns a lot of money. My second (other) brother is a chemist. He's a representative of a large international firm. He has to work hard and often travels to distant countries. My sister still goes to school. She wants to be a writer or an architect. I'm a student. I go to university, I study history. I don't know what I want to be – perhaps a journalist.

■ **Co jest za domem?**

Co jest za domem?
Co jest za górą?
Za chmurą?
Co jest za wodą?
Za modrzewiem?
Jestem bardzo małym człowiekiem –
Jeszcze nie wiem.

Anna Kamieńska
  (author of children's books)

What's beyond the house?

What's beyond the house?
What's beyond the hill?
Beyond the cloud?
What's beyond the water?
Beyond the larch tree?
I'm just a little person –
I don't know yet.

LESSON ELEVEN
(Lekcja jedenasta)

LOCATIVE CASE

The Locative (or prepositional) case is used only after the following prepositions:

na	on, at	po	along
w	in (side)	o	about, concerning
przy	near, beside, by		

The Locative plural of all nouns is -**ach**.

In the singular, the ending for most nouns, after a hard consonant, is -**e**:

student	o studencie	(studentach)	about the student
brat	o bracie	(braciach)	about (my) brother
matka	o matce	(matkach)	about (my) mother
siostra	o siostrze	(siostrach)	about (my) sister
szkoła	w szkole	(szkołach)	in school
kolega	o koledze	(kolegach)	about (my) friend
okno	w oknie	(oknach)	in the window
kino	w kinie	(kinach)	in the cinema
ręka	w ręce	(rękach)	in the hand

But masc. and neuter nouns after **k, g, ch**, and after a soft consonant take the ending -**u**:

Polak	o Polaku	(Polakach)	about the Pole
Włoch	o Włochu	(Włochach)	about the Italian
pociąg	w pociągu	(pociągach)	on (in) the train
łóżko	na łóżku	(łóżkach)	on the bed
koń	na koniu	(koniach)	on horse (back)
pokój	w pokoju	(pokojach)	in the room
hotel	w hotelu	(hotelach)	in the hotel

Also

pan	o panu	(panach)	about you (formal)
mąż	o mężu	(mężach)	about (my) husband
syn	o synu	(synach)	about (my) son

ojciec	o ojcu	(ojcach)	about (my) father
dom	w domu	(domach)	in the house, at home
deszcz	na deszczu	(deszczach)	in the rain

Feminine nouns show two divergences in the singular:

After a soft consonant the ending is -i:

pani – o pani (paniach) babcia – o babci (babciach)

After c, rz(ż), cz, sz the ending is -y:

noc – w nocy (nocach) ulica – na ulicy (ulicach)
rzecz – o rzeczy (rzeczach)

Influence of the ending -e

The ending -e, when added to a hard consonant always changes that consonant, as we have seen, into a soft consonant. This is an important rule in Polish. The spelling changes which follow, though predictable, may seem an unnecessary evil to the learner.

Remember: -n to -nie (okno – oknie); -b to -bie (klub – klubie); – l to -le (szkoła – szkole); -t to -cie (student – studencie); -k to -ce (matka – matce); -g to -dze (kolega – koledze); -r to -rze (siostra – siostrze).

Locative (sing. + pl.) of adjectives, numbers and personal pronouns:

	M. + N.	F.	Plural
nowy, drogi	nowym, drogim	nowej, drogiej	nowych, drogich
który? jaki?	którym, jakim	której, jakiej	których, jakich
mój, twój	moim, twoim	mojej, twojej	moich, twoich
ten	tym	tej	tych
jeden	jednym	jednej	jednych
dwa, dwie			dwóch (dwu)
trzy, cztery			trzech, czterech

Pronouns

ja, ty	– mnie, tobie	my, wy	– nas, was
on, ono/ona	– nim/niej	oni, one	– nich

co? = czym?
kto? = kim?

All the cases have now been introduced to you. For a full summary of their forms and for quick reference tables see page 221.

■ Examples with the Locative:

O kim myślisz?	Whom are you thinking about? (about whom. . .)
Myślę tylko o tobie.	I'm thinking only about you.
O czym rozmawialiście?	What did you talk about?
Rozmawialiśmy o strajkach w kraju.	We talked about the strikes in the country.
Co wiesz o tym?	What do you know about this?
Nic o tym nie wiem.	I know nothing about it.
Kto to jest ta pani w nowym kapeluszu?	Who is that lady in the new hat?
Ta pani przy stole? – Nie wiem.	That lady by the table? – I don't know.
Czy pan dużo podróżuje? – Tak jeżdżę po całym świecie.	Do you travel a lot? – Yes, I travel all over the world.

Also to express an attribute and in set expressions:

Być w dobrym humorze	to be in a good mood (humour)
Dziewczyna o niebieskich oczach	a girl with blue eyes
Kobieta w średnim wieku	a middle-aged woman (in her middle age)
Na jednej nodze	on one leg
O tym nie ma mowy	that's out of the question (= there's no speaking about it)
Kocha się w aktorce	He's in love with (= in) an actress
Przy świetle księżyca	by the light of the moon
Z ręką na sercu	with hand on heart

PREPOSITIONS OF MOVEMENT

Movement to and from a place is indicated by the Genitive (G.):

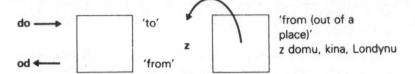

do ——▶ ☐ 'to'   z   ☐   'from (out of a place)'
                              z domu, kina, Londynu
od ◀—— ☐ 'from'

Od/do indicate destination, distance and duration from/to specific points: **od brata do siostry** 'from brother to sister'; **od morza do morza** 'from sea to sea'; **od rana do nocy** 'from morning till night'; **od miasta do miasta** 'from town to town'.

Remember that going to certain places requires not **do** (G.) but **na** + Acc. (**na pocztę, na rynek**: to the post office, to the market). Remember too that **na** is always used with functions, events (**na koncert, na kolację**: to a concert, to dinner), and to render 'going for/on' (**na spacer, na urlop**: for a walk, on holiday). See Lesson 6.

When **na** is used to mean 'going to' then 'going from' is always rendered by **z**: **Wracam z koncertu, z kolacji, z poczty, z urlopu.**

ACCUSATIVE OF MOTION v. LOCATION

Prepositions denoting location (see also Lesson 10) require the Accusative after verbs of motion indicating 'going to'. Compare:

Going there		Being there	
iść/jechać	to go	być	to be
na urlop	on holiday	na urlopie	on holiday
na plażę	to the beach	na plaży	on the beach
na obiad	to dinner	na obiedzie	at dinner
w las	to the forest	w lesie	in the forest
w świat	into the world	na świecie	in the world

Only one preposition is used exclusively with the Accusative: **przez** 'across, through'
Iść przez ulicę, przez miasto, przez góry, przez las
To go across the street, through the town, the mountains, the forest

Widzieć przez okno, przez drzwi
To see through the window, through the door

Notice and remember the forms **mieście, obiedzie, lesie, świecie.**

PREPOSITIONS OF LOCATION

Location is indicated by the Instrumental (I.) or the Locative (L.):

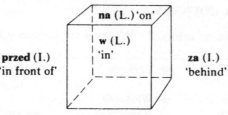

nad (I.)
'above, over'

na (L.) 'on'

w (L.)
'in'

przed (I.)
'in front of'

za (I.)
'behind'

pod (I.)
'below, under'

Also: **między** (I.) 'between, among'   **przy** (L.) 'near(by), beside'   **po** (L.) 'along, about (all over)'.

Być **w**	domu	be in the house (at home)	Być **na**	ulicy	be on the street
	szpitalu	in hospital		wyspie	on an island
	kinie	in the cinema		podłodze	on the floor
	łazience	in the bathroom		stole	on the table
	Londynie	in London		poczcie	at the post office
Przed/za		in front of/behind	**Pod/nad**		below/above
	domem	the house		stołem	the table
	hotelem	the hotel		łóżkiem	the bed
	pocztą	the post office		oknem	the window
	panią	you (formal, female)		ziemią	the ground

Gdzie czekałeś?	Where were you waiting?
Czekałem przy nowym klubie, między bankiem a hotelem.	I was waiting by the new club, between the bank and the hotel.
Co robiłeś?	What have you been doing?
Chodziłem po mieście/po ulicach.	I've been walking about town/about the streets.
Jeździliśmy po kraju/po całej Europie.	We travelled about the country/about the whole of Europe.

BEING IN A COUNTRY

Gdzie byliście na urlopie?   Where were you on your holidays?

w.(L.) Anglii	w Chinach	w Stanach (Zjednoczonych)
w Belgii	we Włoszech	
we Francji	w Niemczech	we Wielkiej Brytanii
w Grecji *but*	na Węgrzech	
w Polsce	na Dalekim, Bliskim Wschodzie	
w Kanadzie		

The forms **Włoszech, Niemczech, Węgrzech** are irregular Loc. pl. forms. (For countries, nationalities and going to a country see Lesson 7.)

EXPRESSIONS OF TIME

w (L.) tym tygodniu, przyszłym miesiącu, zeszłym roku	(in) this week the next (future) month, the last (past) year
dwa tygodnie, miesiące, lata TEMU	two weeks, months, years, AGO
pięć tygodni, miesięcy, lat TEMU	five (of) weeks, months, years AGO

raz	once	w razie potrzeby	in case of need
dwa/pięć razy	twice/five times	w każdym razie	in any (every) case
pewnego razu	one day, once upon a time	wtedy	then, at that time
innym razem	another time		

Exercise 1

Translate (use the casual singular forms of 'you'):

1. How long were you in England?
2. I was there a year. I studied at the university in London.
3. We were in Warsaw a year ago. We lived in that new hotel on the Vistula.
4. This year we travelled about the whole of Europe.
5. We were in Germany, in Austria, in Hungary and in France.
6. Last year he was in the States. Next year he wants to go to the Soviet Union or to China.
7. Do you know whether she's at home?
8. I can't remember whether she's at home or not.
9. Have you seen Warsaw by the light of the moon?
10. No, but I always think of you.

DIRECTIONS IN TOWN

Kto pyta nie błądzi	Who asks does not blunder (stray)
Gdzie jest. . .?	Where is. . .?
Czy może mi pan/pani powiedzieć gdzie jest. . .?	Can you tell me (=to me) where . . . is?
Jak daleko jest stąd do. . .?	How far is it from here to. . .?
To jest niedaleko	It's not far
To jest tam na prawo/na lewo	It's down there on the right/left
Proszę iść do . . . potem skręcić w lewo/w pierwszą przecznicę na lewo	Go to. . . then turn left/take (= turn into) the first turning on the left

Vocabulary

droga -i	road	przejście -a	crossing
ulica -y	street	– dla pieszych	pedestrian
aleja -i	avenue		crossing
park -u	park	przystan|ek -ku	a stop
ogr|ód -odu	garden	or -ka	
róg, rogu	corner	– autobosowy	bus stop
przecznica -y	turning	– tramwajowy	tram stop
skrzyżowanie -a	crossroads	postlój (-oju)	taxi rank
światła (pl.),	traffic lights	taksówek	
świateł		budyn|ek -ku	multi-storey
		wielopiętrowy	building
		biurow|iec -ca	office building

STREET NAMES, PROPER NAMES

Names of streets, squares, etc., are adjectival (often derived from the profession, occupation originally associated with them) – **ulica Szpitalna, Szewska, Długa** 'Szpitalna Street' (= Hospital Street), 'Szewska Street' (= Shoemakers' Street), 'Długa Street' (= Long Street) or are Genitives of names of people and of historical events – **ulica Mickiewicza** 'Mickiewicz's Street' **ulica św. Jana** 'St. John's Street', **Plac Niepodległości** 'Independence Square' (lit. Square of Independence).

Names derived from adjectives behave, naturally enough, like adjectives:

Idę na ulicę Długą (A.)   I'm going to (=on to) Długa Street

Idę do ulicy Długiej (G.)   I'm going to (= as far as) Długa Street

Byłem na ulicy Długiej (L.)   I was on Długa Street

Proper names behave like nouns: **Idę na ulicę/do ulicy Mickiewicza.**

Exception: Proper names ending in **-ski** (m.)/**-ska** (f.), **-cki/-cka**, **-dzki/-dzka**. These too behave like adjectives:

Słowacki: ulica Słowackiego Słowacki Street (= Street of Słowacki)

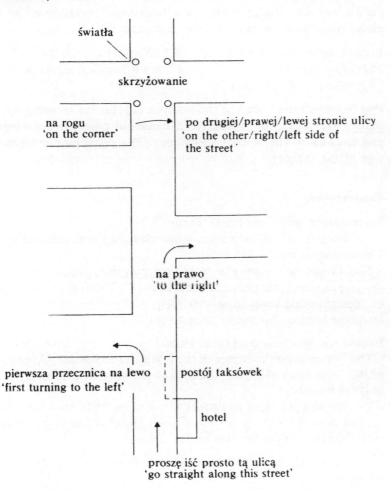

światła

skrzyżowanie

na rogu
'on the corner'

po drugiej/prawej/lewej stronie ulicy
'on the other/right/left side of
the street'

na prawo
'to the right'

pierwsza przecznica na lewo
'first turning to the left'

postój taksówek

hotel

proszę iść prosto tą ulicą
'go straight along this street'

ADDRESSES

Adam Nowicki
ul.Kopernika 10 m.4 OR 10/4

31-250 Kraków

Adam Nowicki
Kopernik (Copernicus) St.
  (No.) 10 Flat 4
31-250 Cracow

Notice the abbreviations: **ul.** = **ulica, m.** = **mieszkanie**

Although you don't live, literally, on a/the street (**na ulicy**) but, as Polish logically enough insists, in a house by, alongside it (**przy ulicy**) common usage tolerates the inaccuracy:

Przy/na której ulicy mieszkasz?   Which street do you live on?
Mieszkam przy/na ulicy   I live on Szewska Street, at
 Szewskiej, pod numerem 10   number 10

Pod 'under' is used because the number is regarded as being normally over your door. Similarly, in names of places: **Restauracja pod Kotwicą** = The Anchor Restaurant (The restaurant under the sign of the anchor).

■ **Conversations**

Przepraszam, gdzie jest Hotel 'Forum'?
–'Forum' jest na rogu Alei Jerozolimskich i ulicy Marszałkowskiej*. Czy to daleko stąd?
– Nie. Proszę iść prosto tą ulicą do skrzyżowania, potem skręcić w drugą przecznicę na prawo. Hotel 'Forum' to ten duży budynek wielopiętrowy po lewej stronie na rogu.
Dziękuję bardzo. Już wiem, gdzie to jest.

Excuse me, where is the Forum Hotel?
– The Forum is on the corner of the Aleje Jerozolimskie (Avenues of the Jerusalem) and ulica Marszałkowska (Marshal Street).*
Is it far from here?
– No. Go straight along this street to the crossroads, then take the second turning on the right. The Forum Hotel is that large multistory building on the left side on the corner.

Thank you very much. I know where it is now (I already know where it is).

Leszek mieszka przy ulicy Floriańskiej. Czy wiesz, gdzie to jest?
– Nie bardzo pamiętam. Wiem, że trzeba iść przez rynek a potem skręcić na lewo koło kościoła, ale potem nie wiem.

*Aleje Jerozolimskie and ulica Marszałkowska are two of the main streets in Warsaw.

Zawsze możemy zapytać.

Leszek lives on ulica Floriańska (Florian Street). Do you know where it is?
– I don't remember too well. I know that you have to go through the marketplace and then turn left near the church but then I don't know.
We can always ask.

LESSON TWELVE
(Lekcja dwunasta)

ASPECTS

With few exceptions each Polish verb has two related forms, called the Imperfective and Perfective aspects, to translate one English verb:*

Example:

IMPERFECTIVE	PERFECTIVE	
czytać	przeczytać	to read
pisać	napisać	to write
iść	pójść	to go (on foot)
jechać	pojechać	to go (travel)

The difference in their use and meaning is in essence a simple one. In English, the sentence 'I read a book today' could be understood in two ways: 'I spent the day reading' or 'I read (from cover to cover, finished) a book today'. Polish avoids this ambiguity.

* Most of the verbs used so far have been Imperfective. Four, in the last lesson, were Perfective: **skręcić**, **powiedzieć**, **zapytać**, **wykręcić**.

Imperfective verbs describe duration, an action in progress. They translate English 'is, was, will be doing':

Piszę list	I'm writing a letter
Czytałem książkę dzisiaj	I was reading a book today
Idziemy do kina	We're going to the cinema

They may also denote a repetitive or habitual action in the present, past or future:

Piszę listy i czytam książki	I write letters and read books
Często (zawsze) się spotykamy	We often (always) meet

Perfective verbs describe completed actions and, by definition, do not have a present tense. They specify what has happened/has been done or will happen/will be done:

Dzisiaj przeczytałem książkę	Today I read a book (= I finished it)
Pojechali do Londynu	They have gone to London
Poszedłem/poszłam do domu	I (male/female) went home
Kiedy pan się nauczył polskiego?	When did you learn Polish?

The future tense of verbs will be dealt with in the next lesson. For a reminder of the past tense endings see Lesson 9 but note: **pójść: poszedłem, poszłam** Pl. **poszli, poszły.**

ASPECTS AND TENSES

Aspects should not be confused with tenses. In other words:

piszę	'I am writing'	difference, in English and Polish, of *tense*
pisałem	'I was writing'	
pisałem	'I was writing'	difference of *tense* in English – of *tense* and *aspect* in Polish
napisałem	'I wrote/have written'	

Compare the range of meanings:

piszę do domu	I'm writing home (now); I write home (regularly)
pisałem do domu	I was writing home; I used to write home (regularly)
napisałem do domu	I wrote/have, had written/home (i.e. yesterday)

FORMATION OF THE PERFECTIVE ASPECT

Perfective verbs may be formed from Imperfective verbs by the addition of a prefix:

czekać	za-czekać	to wait
pytać się	za-pytać się	to ask, inquire
pamiętać	za-pamiętać	to remember
dzwonić	za-dzwonić	to ring, call
uczyć (się)	na-uczyć (się)	to teach (learn)
żenić się	o-żenić się	to marry, get married (of a man)
słyszeć	u-słyszeć	to hear
myć się	u-myć się	to wash oneself
pić	wy-pić	to drink
kończyć	s-kończyć	to finish, end
myśleć	po-myśleć	to think
prosić	po-prosić	to ask, request
rozmawiać	po-rozmawiać	to talk, converse
robić	z-robić	to do, make
rozumieć	z-rozumieć	to understand
jeść	z-jeść	to eat

Jeść/zjeść are irregular:
Present: jem, jesz, je – jemy, jecie, jedzą
Past: jadłem/-am, jadłeś/-aś, jadł/-a – jedliśmy/jadłyśmy, jedli-ście/jadłyście, jedli/jadły

Some Perfective verbs are formed by changing their suffix or stem, which may result in a change of conjugation:

Imperfective	Perfective	
dawać	dać	to give
kupować	kupić	to buy
pomagać	pomóc	to help
spotykać (się)	spotkać (się)	to meet (one another)
ubierać (się)	ubrać (się)	to dress (get dressed)
wracać	wrócić	to return
zwiedzać	zwiedzić	to visit, tour
przepraszać	przeprosić	to apologise
wstawać	wstać	to get up
spędzać	spędzić	to spend (time)
odpowiadać	odpowiedzieć	to reply, answer
zapominać	zapomnieć	to forget

In some cases the two aspects use two quite different verbs. The most common examples are:

widzieć	zobaczyć	to see
mówić	powiedzieć	to say, tell
brać	wziąć*	to take

*Brać/wziąć are irregular:

Present	Impf:	biorę	bierzemy	'I take, am
		bierzesz	bierzecie	taking'
		bierze	biorą	
Past	Impf:	brałem(-am)	braliśmy (-łyśmy)	'I took, was
		brałeś(-aś)	braliście (-łyście)	taking'
		brał(-a)	brali(-ły)	
	Pf:	wziąłem	wzięliśmy	'I took, have/
		wziąłeś	wzięliście	had taken'
		wziął	wzięli	
		(wzięłam	(wzięłyśmy	
		wzięłaś	wzięłyście	
		wzięła)	wzięły)	

Note: A very few verbs can form an additional aspect, sometimes called the Frequentative, to denote a habitual or repeated action:

e.g. **być** – **bywać** (-am, -asz), **mieć** – **miewać** (-am, -asz), **czytać** – **czytywać** (-uję, -ujesz), **pisać** – **pisywać** (-uję, -ujesz), **mówić** – **powiadać** (-am, -asz):

W poniedziałki bywam w domu	On Mondays I'm (normally, frequently) at home
Miewam wizje	I have (keep having, from time to time) visions
Ojciec zawsze powiadał, że. . .	My father always used to say that. . .

These special forms are rare and not frequently encountered.

Examples:

1 Skończyłem (Pf.) pracę i idę (Impf.) do domu.	I've finished work and I'm going home.
2. Spotkałyśmy się (Pf.) wczoraj.	We met yesterday.
3. Dlaczego nie powiedziałeś (Pf.) mi o tym? Zapomniałeś? (Pf.)	Why didn't you tell me about it? Did you forget?
4. Chciałem (Impf.) zadzwonić (Pf.) do niego.	I wanted (was wanting) to ring him.
5. Wzięłam (Pf.) ich na spacer.	I took them for a walk.
6. Poszli (Pf.) czy jeszcze czekają (Impf.)?	Have they gone or are they still waiting?
7. Kiedy to zrobiłeś (Pf.)?	When did you do this?
8. Co on powiedział (Pf.)?	What did he say?
9. Żenisz się (Impf.) czy już się ożeniłeś (Pf.)?	Are you getting married or have you got married already?
10. Dlaczego się nie zapytałeś (Pf.)?	Why didn't you ask?

■ **Conversation**

Co pan robił wczoraj?

– Rano byłem w domu. Wstałem wcześnie, umyłem się, ubrałem*
i wypiłem kawę. Chciałem pójść na miasto ale było zimno. Prze-
czytałem więc gazetę, napisałem list i zadzwoniłem do kolegi. Po
południu spotkałem siostrę i poszliśmy na spacer. Potem ona po-
jechała do koleżanki a ja wróciłem do domu i oglądałem
telewizję.

What did you do (were you doing) yesterday?

– In the morning I was at home. I got up early, washed, dressed
and drank a cup of coffee. I wanted to go to town, but it was cold.
So I read the newspaper, wrote a letter and rang a friend. In the
afternoon I met my sister and we went for a walk. Then she went
to see a friend and I returned home and watched television.

VERB FAMILIES

Polish verbs are capable of generating new verbs. Prefixes can be
used, as we have seen, to change the aspect of a verb but they can
also be used to change its meaning. The following verb families are
typical of the possibilities in Polish:

Impf.	Pf.	
pisać	napisać	to write
odpisywać	odpisać	to reply, write back
opisywać	opisać	to describe
zapisywać	zapisać	to write down, record
podpisywać	podpisać	to sign
przepisywać	przepisać	to rewrite
spisywać	spisać	to list

Note: Each newly formed verb further generates its own
Imperfective.

* When two or more reflexive verbs follow one another 'się' is normally
not repeated. Więc, a useful word, means 'so'; 'and so'.

Similarly:

prosić	poprosić	to ask, request
przepraszać	przeprosić	to apologise
zapraszać	zaprosić	to invite
mówić	powiedzieć	to say, tell
odpowiadać	odpowiedzieć	to reply, answer
opowiadać	opowiedzieć	to recount, narrate
dawać	dać	to give
oddawać	oddać	to return, give back
nadawać	nadać	to post (a letter); transmit
wydawać	wydać	to give out, spend (money); publish
podawać	podać	to pass, hand over, serve

Zaprosiłem go na kolację	I've invited him to dinner
Proszę mi (D.) odpowiedzieć	Please answer me/Please reply to me
Opowiadała nam (D.) o urlopie	She was telling us (= recounting to us) about her holiday
Kiedy mi (D.) oddałeś książkę?	When did you return the book to me?
Proszę podać sól/pieprz	Please pass the salt/pepper

PREFIXED VERBS OF MOTION

Prefixes are added to the basic verbs of motion to indicate different actions. Verbs formed from **iść, jechać** are Perfective, those formed from **chodzić, jeździć** are Imperfective:

iść/pójść	jechać/ pojechać	chodzić	jeździć	
Pf.	Pf.	Impf.	Impf.	
wejść	wjechać	wchodzić	wjeżdżać	to go (come) in, enter
wyjść	wyjechać	wychodzić	wyjeżdżać	to go (come) out, leave
przyjść	przyjechać	przychodzić	przyjeżdżać	to come, arrive
odejść	odjechać	odchodzić	odjeżdżać	to go away, depart
przejść	przejechać	przechodzić	przejeżdżać	to go across, through
zejść	zjechać	schodzić	zjeżdżać	to go (come) down
dojść	dojechać	dochodzić	dojeżdżać	to go as far as, reach
podejść	podjechać	podchodzić	podjeżdżać	to go up to

The conjugation of all the Imperfective verbs above is regular:
wchodzić: Pres. wchodzę, wchodzisz, etc. Past. wchodziłem(-am), wchodziłeś (-aś), etc.
wjeżdżać: Pres. wjeżdżam, wjeżdżasz, etc. Past. wjeżdżałem (-am), wjeżdżałeś (-aś), etc.

For the past tense endings of **iść** and **jechać** see Lesson 9, but note: verbs formed from **iść** which have **e** (**wejść**, **odejść**, **podejść** and **zejść** but not **przejść** where the **e** is part of the prefix) drop the **e** in the masc. sing. form of the past tense:
wszedłem (-eś), wszedł; weszliśmy, weszliście, weszli
weszłam (-aś), weszła; weszłyśmy, weszłyście, weszły

The sense of the prefixes can often be deduced from their use elsewhere as prepositions: **wejść** (**w** + **iść**) 'to go in', **dojść** (**do** + **iść**) 'to go up to', **opowiedzieć** 'to say, tell about'.

Lecieć/polecieć (**latać**, but **wylatywać**, **odlatywać**, etc. to denote habitual or regular flying) generates the same type of verb family as **iść/pójść** above. In Polish, as in English, many things fly:

Lecę samolotem	I'm going (I'm flying) by plane
Czas leci	Time flies
Muszę lecieć	I must fly (dash)
Wszystko mi wylatuje z rąk	Everything's flying (falling) out of my hands

■ **Practice**

Wyszedłem z mieszkania, zszedłem po schodach na ulicę, podszedłem do kiosku i kupiłem gazetę. Następnie przeszedłem ulicę do przystanku autobusowego. Nie długo czekałem. Autobus przyjechał i pojechałem do pracy. Po drodze spotkałem kolegów. Mieli dzień wolny. Porozmawialiśmy, potem oni poszli na kawę, a ja poszedłem do biura. Przyszedłem punktualnie. Wszedłem. Czekał na mnie dyrektor.

I went out of the flat, went down the stairs onto the street, went up to the kiosk and bought a newspaper. Next I crossed the street to the bus stop. I didn't wait (= was not waiting) long. The bus came (arrived) and I went (travelled) to work. On the way I met some friends. They had a day off (= free). We spoke for a while, then they went for a coffee and I went to the office. I came (arrived) on time. I went in. The director was waiting for me.

Exercise 1

Translate:

1. They were waiting (Impf.) for you (sing. casual).
2. Why didn't you (sing. casual) come (Pf.)?
3. I returned (Pf.) three days ago.
4. She went out (Pf.) and bought (Pf.) a bottle of wine.
5. Whom did you (sing. formal) invite (Pf.) to dinner?
6. I don't remember (Impf.) what he said (Pf.).
7. They've all gone (Pf.) to Spain.
8. We met (Pf.) and talked (Impf.) a long time.
9. Do you (sing. formal) come (Impf.) here often?
10. When are they leaving/departing (Impf.)?

WHY ASPECTS?

Polish has fewer tenses (present, past, future) in comparison with English or other European languages. Each language, however, has its own way of filling the gaps in its means of expression and/ or to avoid ambiguity. To differentiate between something which is going on and something which is finished/completed Polish uses separate verb forms.

A full description of the problem of aspects is a difficult one but the essential details, if remembered, will be enough at this stage.

The following checklist may help you to remember the choice you have to make with each verb:

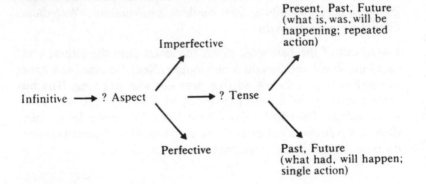

Compare:

1. Wróciłem do domu późno   I returned home late
   Zwykle wracam późno   I normally return late
2. Spotkałem go wczoraj   I met him yesterday
   Spotykam go co dzień   I meet him every day
3. Wstał bardzo wcześnie   He got up very early
   Wstaje wcześnie   He gets up early

LESSON THIRTEEN
(Lekcja trzynasta)

FUTURE TENSE OF być

ja	będę	my	będziemy
ty	będziesz	wy	będziecie
on	będzie	oni	będą
ona		one	
ono			

FUTURE TENSE OF IMPERFECTIVE VERBS (will, shall be doing; going to be doing)

The future of Imperfective verbs is formed in two ways:

(a) future tense of **być** + third person sing./pl. forms of the past tense of the verb, OR
(b) future tense of **być** + the infinitive

There is no difference in meaning between the two forms but the former is more common.

czytać			
	będę		
	będziesz	czytał (m.) -a (f.) -o (n.)	
	będzie		
			czytać
	będziemy		
	będziecie	czytali	czytały
	będą	(men only)	(all others)

Remember: The distinction in the past tense of Polish verbs between the three genders in the singular, and between men only (**-li**) and all other nouns (**-ły**) in the plural.

Examples:

Co będziesz robił jutro?	What are you going to do (be doing) tomorrow?
Czy będziesz w domu?	Will you be (are you going to be) at home?
Będę czekała na ciebie	I'll be waiting (going to be waiting) for you
Kiedy będziecie w Warszawie?	When will you be (are you going to be) in Warsaw?
Co będzie to będzie	What will be will be

FUTURE TENSE OF PERFECTIVE VERBS (will, shall do; be going to do)

To form the future of Perfective verbs add the present tense endings of Imperfective verbs:

zaczekać	**kupić**	**zobaczyć**
zaczekam 'I will wait'	kupię 'I will buy'	zobaczę 'I will see'
zaczekasz	kupisz	zobaczysz
zaczeka	kupi	zobaczy
zaczekamy	kupimy	zobaczymy
zaczekacie	kupicie	zobaczycie
zaczekają	kupią	zobaczą

To remind yourself of the endings of the present tense (which now become future tense endings of Perfective verbs) see: Lesson 3 (most verbs in -ać); Lesson 4 (-ić/yć and some verbs in -eć); Lesson 5 (verbs formed with 'móc, umieć, wiedzieć'); Lesson 6 (-ować, monosyllabic verbs in -ić, -uć, -yć and some verbs in -ać).

Examples:

Zaczekam na ciebie	I'll wait (going to wait) for you
Kiedy pojedziecie do domu?	When are you going to go home?
Powiem panu jutro	I'll tell you tomorrow

Nie zapomnę tego nigdy	I'll never forget that
Gdzie się spotkamy?	Where shall we (are we going) to meet?

TENSES OF IMPERFECTIVE AND PERFECTIVE VERBS

Impf.	Pf.	Present
czekać	/ zaczekać	czekam
spędzać	/ spędzić	spędzam
robić	/ zrobić	robię
myć się	/ umyć się	myję się
pomagać	/ pomóc	pomagam
widzieć	/ zobaczyć	widzę
mówić	/ powiedzieć	mówię
iść	/ pójść	idę
jechać	/ pojechać	jadę

Past Impf./Pf.		Future Impf./Pf.	
czekałem	/ zaczekałem	będę czekał	/ zaczekam
spędzałem	/ spędziłem	będę spędzał	/ spędzę
robiłem	/ zrobiłem	będę robił	/ zrobię
myłem się	/ umyłem się	będę mył się	/ umyję się
pomagałem	/ pomogłem	będę pomagał	/ pomogę
widziałem	/ zobaczyłem	będę widział	/ zobaczę
mówiłem	/ powiedziałem	będę mówił	/ powiem
szedłem	/ poszedłem *	będę szedł	/ pójdę
jechałem	/ pojechałem	będę jechał	/ pojadę

*But: **szłam/poszłam** (female), similarly **będę szła/pójdę**.

Irregular Perfective futures:

wstać 'to get up' : wstanę -iesz -ie; wstaniemy -iecie, wstaną (Past tense regular)

wziąć 'to take' : wezmę, weźmiesz, weźmie; weźmiemy, weźmiecie, wezmą (Past: Lesson 12)

zapomnieć 'to forget' : zapomnę -iesz -ie; zapomniemy, -iecie, zapomną (Past: Lesson 9).

Compare:

Czekam		I'm waiting	
Czekałem		I was waiting	
Zaczekałem	na ciebie	I waited	for you
Będę czekał		I'll be waiting	
Zaczekam		I'll wait	

Exercise 1

Complete the following using the future tense of the verbs given:

1. Kiedy pan dzisiaj (wrócić) do domu?
2. On (wiedzieć) gdzie to jest.
3. Co pani (robić) wieczorem.
4. Teresa (powiedzieć) ci o tym jutro.
5. Czy wy (chcieć) pójść z nami?
6. Gdzie państwo (pojechać) na urlop?
7. Rodzice (czekać) na mnie na lotnisku.
8. Przepraszam, brat nie (móc) przyjść.
9. Ja nie (zapomnieć), (napisać) do ciebie.
10. Czy wy (zadzwonić) do niej?

INFINITIVE WITH FUTURE MEANING

Idziesz do domu?	Are you going home?
– Iść z tobą?	– Shall I go with you?
Nie wiem, co on powiedział	I don't know what he said
– Powiedzieć ci?	– Shall I tell you?
Gdzie one będą czekały?	Where are they going to be waiting?
– Zapytać się?	– Shall I ask?

PRESENT, PAST, FUTURE

teraźniejszość-ci	the present	współczesny (adj.)	contemporary, present
przeszłość-ci	the past	przeszły (adj.)	past
przyszłość-ci	the future	przyszły (adj.)	future

To należy do przyszłości/ przeszłości	That belongs to the future/the past
W przyszłości proszę tego nie robić	In future please don't do that
Żyć teraźniejszością	To live in the present
Przyszłe/przeszłe pokolenia	Future/past generations
Nasi współcześni	Our contemporaries

WHEN, AS SOON AS, IF

KIEDY będę w Warszawie, zadzwonię do pana	WHEN I'm (will be) in Warsaw, I'll ring you
Pamiętasz KIEDY on przy-jeżdża/przyjedzie?	Do you remember WHEN he's arriving/will arrive?
JAK TYLKO będę wiedział, to ci powiem	AS SOON AS I know (will know), then I'll tell you
Przyjdę do domu, JAK TYLKO skończę pracę	I'll come home AS SOON AS I finish (will finish) work
JEŚLI go zobaczę, zapytam go	IF I see (will see) him I'll ask him
Co zrobisz, JEŚLI on nie przyjdzie?	What will you do IF he doesn't (will not) come?

DO YOU THINK THAT?

	on przyjdzie?		he'll come?
Czy myślisz, że	oni będą w domu?	Do you think that	they'll be at home?
	ona nam pomoże?		she'll help us?

DO YOU KNOW? – I'M CURIOUS/I WONDER

	co		what
	kto		who
Czy wiesz	czy	Do you know	whether
	gdzie		where
Jestem	kiedy	I'm curious,	when
ciekaw (-a)	jak	I wonder	how
	dlaczego		why

INTERROGATIVES AND CONJUNCTIONS

Jestem ciekawa, CZY on mówi po polsku	I wonder WHETHER he speaks Polish
Nie wiem, CZY wiesz o tym CZY nie	I don't know WHETHER you know about that OR not
GDZIE byłaś/będziesz?	WHERE were you/will you be?
Nie wiem, GDZIE byłam i GDZIE będę	I don't know WHERE I was and WHERE I'll be
JAK to zrobisz?	HOW will you do this?
Nie wiem, JAK to będzie	I don't know HOW it will be (what will happen)
DLACZEGO pani nie czekała?	WHY didn't you wait?
Nie czekałam, BO nie miałam czasu	I didn't wait BECAUSE I didn't have the time
DLACZEGO nie kupiłeś gazety?	WHY didn't you buy a newspaper?
Nie kupiłem, DLATEGO ŻE już nie było	I didn't buy one BECAUSE there weren't any
PONIEWAŻ byłem chory, nie mogłem przyjść	SINCE I was ill, I couldn't come
ZANIM on przyjdzie, będzie wieczór	BY THE TIME he comes, it will be evening
ZANIM wyjadę, chcę spotkać się z panią	BEFORE I leave (will leave), I want to meet you
ZAMIAST pojechać do Paryża, pojechał do Londynu	INSTEAD OF going to Paris, he went to London
ZAMIAST iść w prawo, poszedł w lewo	INSTEAD OF going right, he went left
DOPÓKI będę żył, będę pracował	AS LONG AS I live (will be living) I'll work
DOPÓKI nie pracujesz, nie będziesz miał pieniędzy	AS LONG AS you're not working, you won't (will not) have money
Proszę zaczekać DOPÓKI NIE przyjdę	Please wait UNTIL I come

Note: The difference between bo and dlatego że is the difference between the colloquial 'because, 'cos' and the formal, emphatic 'because, for the reason that'.

ALONE, ONESELF, TOGETHER

sam -a -o (adj.)	alone, oneself	razem (adv.)	together (with)

Sam to zrobię	I'll do it myself
Sama jedziesz czy razem z dziećmi?	Are you going alone or together with the children?
Jedziemy wszyscy razem	We're all going together
Czy panie są same?	Are you ladies by yourselves?

Sam can also mean 'the same; the very':

To jedno i to samo	It's one and the same (thing)
To samo mówi Ewa	Eva says the same (thing)
Idziemy do samego końca	We're going to the very end

SWÓJ (ONE'S OWN)

Swój, swoja, swoje	pl. swoi, swoje

Mam swój dom/swoją gazetę	I have my own house/my own newspaper
Mamy swoje mieszkanie	We have our own flat

The possessive adjective **swój** always refers to the subject of the sentence. Do not confuse **swój** with **mój, twój, jego**, etc.:

On zawsze robi po swojemu	He always does things his own way (in his own manner)
Czy pamiętasz moją matkę?	Do you remember my mother?
Czy pamiętasz swoją matkę?	Do **you** remember **your** (own) mother?
On czeka na jego kolegę	He's waiting for his (i.e. someone else's) friend
On czeka na swojego kolegę	He's waiting for his (own) friend

The adjective **własny** 'own' can follow **swój** for emphasis or it can replace it:

Mam swój własny dom	I have **my own** (very own) house
Mam własny dom	I have **my own** house
Mamy własne problemy	We have **our own** (particular) problems

N.B. **własny** can be used with possessive adjectives other than **swój**: **To twoja własna wina** 'That's your own fault'

■ **Conversations**

Anna:	Teresa, kiedy będziesz mogła mi pomóc?
Teresa:	Jeszcze nie wiem. Niestety dzisiaj nie mogę bo sama mam dużo pracy.
Anna:	Antek, czy myślisz, że ty będziesz miał czas mi pomóc?
Antek:	Nie mogę. Brat wraca z Paryża. Będę musiał pojechać na lotnisko.
Anna:	A ty Henryk? Czy ty mi pomożesz czy nie?
Henryk:	Czy myślisz, że ja mam czas? Mam swoją pracę. Jeśli skończę dzisiaj, pomogę ci jutro.
Anna:	No, to dziękuję. Jak mówi przysłowie 'Przyjaciela poznasz w biedzie'.

Anna:	Teresa, when will you be able to help me?
Teresa:	I don't know yet. Unfortunately, today I can't because I have a lot of work myself.
Anna:	Antek, do you think that you'll have time to help me?
Antek:	I can't. My brother is returning from Paris. I'll have to go to the airport.
Anna:	And you, Henryk? Will you help me or not?
Henryk:	Do you think, that I have the time? I've got my own work. If I finish today, I'll help you tomorrow.
Anna:	Well, thanks a lot. As the saying (proverb) goes, 'A friend in need is a friend indeed' (lit. 'You'll recognize a friend when you're in need/distress').

CLOTHING

koszula -i	shirt	sukienka -i	dress
– nocna	night shirt	suknia wieczorowa	evening dress
podkoszulka -i	vest	spódnica -y	skirt
spodnie (pl.), -ni	trousers	bluzka -i	blouse
szorty (pl.), -ów	shorts	rękawiczka -i	glove
krawat -u	tie	czapka -i	cap, hat
swet|er -ra	sweater	futrzana czapka	fur cap, hat
ubranie -a	suit		
marynarka -i	jacket	odzież -y	clothing, dress
płaszcz -a	coat	– męska,	men's wear
		–damska	women's wear
skarpetka -i	sock	bielizna -y	clothes, personal effects (underwear)
but -a	shoe	moda -y	fashion
kapelusz -a	hat	modny -a -e	fashionable
chusteczka -i (do nosa)	handkerchief	brzydki -a -ie	ugly
smoking -u	dinner-jacket		
szlafrok -u	dressing gown	czy jest mi w tym do	does this suit me?
piżama -y	pyjamas	twarzy?	
pieniądze (pl.), pieniędzy	money	płacić (-ę,-isz)/ zapłacić (za + A.)	to pay (for)
wydawać (-ję, -jesz)/ wydać (-am,-asz)	to spend (money)	kupować (-uję, -esz)/kupić (-ię, -isz) sobie	to buy, to buy (to) oneself
wybierać (-am, -asz)/wybrać (-biorę, -bierzesz)	to choose		

Co za* niespodzianka! Co ty tu robisz?

– To samo co ty. Wydaję pieniądze. Idziemy na przyjęcie wieczorem. Chciałam kupić sobie nową sukienkę ale wszystko teraz jest takie drogie. Chyba† pójdę w mojej starej sukni wieczorowej. Widzę, że już skończyłaś zakupy. Co kupiłaś?

Nic takiego. Bluzkę, sweter i parę butów. Dostałam trochę pieniędzy od rodziców na urodziny.

– Widziałam jeden bardzo ładny niebieski sweter a drugi czerwony. Nie wiem, który wybrać. W którym kolorze jest mi do twarzy?

I w jednym i w drugim.

– Wiem co. Kupię sobie niebieski a dla męża kupię czerwony. Zrobię mu niespodziankę.

What a surprise! What are you doing here?

– The same as you. I'm spending money. We're going to a party tonight. I wanted to buy myself a new dress but everything is so expensive now. I shall probably go in my old evening dress. I see that you've already finished your shopping. What have you bought?

Nothing much. A blouse, a sweater and a pair of shoes. I got (= received) a bit of money from my parents for my birthday.

– I saw one very nice blue sweater and another (second) red one. I don't know which one to choose. Which colour suits me?

Both of them (= in one and the other).

– I know what. I'll buy myself the blue one and I'll buy the red one for my husband. I'll give (make) him a surprise.

---

*co za = what a ...
†chyba = probably, I guess

LESSON FOURTEEN
(Lekcja czternasta)

CARDINAL NUMBERS

1 jeden, jedna, jedno	11 jedena|ście -stu	
2 dwa (m. + n.), dwie (f.)	12 dwanaście, dwunastu	20 dwadzieścia, dwudziestu
3 trzy	13 trzynaście -stu	30 trzydzieści -stu
4 cztery	14 czternaście -stu	40 czterdzieści -stu
5 pięć -ciu	15 piętnaście -stu	50 pięćdziesiąt -ęciu
6 sześć -ciu	16 szesnaście -stu	60 sześćdziesiąt -ęciu
7 siedem, siedmiu	17 siedemnaście -stu	70 siedemdziesiąt -ęciu
8 osiem, ośmiu	18 osiemnaście -stu	80 osiemdziesiąt -ęciu
9 dziewięć -ciu	19 dziewiętnaście -stu	90 dziewięćdziesiąt -ęciu
10 dziesięć -ciu		

100	sto	stu	
200	dwieście	dwustu	
300	trzysta	trzystu	21 dwadzieścia jeden
400	cztErysta	cztErystu	56 pięćdziesiąt sześć
500	pięćset	pięciuset	142 sto czterdzieści dwa
600	sześćset	sześciuset	1,350 tysiąc trzysta pięćdziesiąt
700	siEdemset	siEdmiuset	2,000 dwa tysiące
800	Osiemset	Ośmiuset	
900	dziEwięćset	dziEwięciuset	
1000	tysiąc -a Pl. tysiące, tysięcy		1,000,000 milion -a Pl. miliony, milionów

Note the changes of stress, indicated by capital letters.

Do not let this forbidding display deter you. For numbers 1 – 10 see Lesson 8.

Remember that numbers from 5 upwards have two forms only:

pięć, sześć, dziesięć, sto   = N/A (not men)
pięciu, sześciu, dziesięciu, stu = all other cases and always when
                                    referring to men

Note: Numbers from 5 upwards have an alternative Instrumental ending **-oma**: **pięcioma, sześcioma, dziesięcioma**, e.g. **Rozmawiałem z pięcioma (pięciu) Anglikami** 'I was talking with five Englishmen'. In practice it rarely occurs with numbers over twenty.

NUMBERS AND NOUNS
Remember from Lesson 8:

jeden; dwa/dwie, trzy, cztery	+ NOM. sing.; pl.	jeden bilet; dwa bilety, dwie matki
dwóch, trzech, czterech	+ GEN. pl.	dwóch studentów, czterech Polaków
BUT dwaj, trzej, czterej	+ NOM. pl.	dwaj studenci, trzej panowie
Numbers from 5 upwards	+ GEN. pl.	pięć biletów, dziesięć kobiet
and Indefinite numbers		ile miesięcy ma rok? ilu masz braci?

In compound numbers the last number determines the case of the following noun:

dwadzieścia **dwie, trzy** kobiety   twenty-two, three women
(Nom.pl.)

trzydzieści **osiem** kobiet, słów   thirty-eight women, words
(Gen. pl.)

dwudziestu **dwóch, trzech**   twenty-two, three men
panów (Gen. pl.)

stu czterdziestu **pięciu**   a hundred-and-forty-five
studentów (Gen. pl.)   students

There are two exceptions:

Only the form **jeden** (not **jedna, jedno**) is used in compounds – it does not change and the case of the noun is determined by the number preceding **jeden**:

dwudziestu jeden studentów	twenty-one students
trzydzieści jeden dni	thirty-one days
tysiąc jeden nocy	a thousand-and-one nights

The forms **dwaj**, **trzej**, **czterej** (the special Nom. forms for men) are not used in compound numbers.

NUMBERS AND VERBS

After 1 use a singular verb; after 2–4 plural:

jeden	bilet	kosztuje/(będzie) kosztował dużo	one	ticket	costs/(will) cost a lot
dwa			two		
trzy	bilety	kosztują/(będą) kosztowały dużo	three	tickets	cost/(will) cost a lot
cztery			four		

But after **dwóch**, **trzech**, **czterech** (men) and *all numbers* (including the Indefinite) from 5 upwards the verb is singular. Notice that in the past and future Imperfective tense it is the third person singular neuter form:

| dwóch trzech czterech | studentów | czeka/czekało będzie czekało | two three four | students | are/were waiting will be waiting |
| pięć kobiet pięciu mężczyzn | | czeka/czekało będzie czekało | five women five men | | are/were waiting will be waiting |

| Ile kobiet, ilu mężczyzn jest/ było/będzie | How many women, men are / were there/will there be |
| Jest/było/będzie kilka kobiet, kilku mężczyzn | There is/was/will be a few women, men |

In the past and future Imperfective tense the verb (for numbers 5 upwards) can also appear in the 3rd person plural – this happens mainly with feminine nouns when the subject is viewed as several individuals rather than as an amorphous group:

| Dziesięć kobiet czekało/ będzie czekało *or* czekały/ będą czekały | Ten women were/will be waiting |

Some expressions with numbers:

Jednym słowem, nie wiem	In a word, I don't know
Co to za jeden (jedna)?	Who's he (she)?
Wszystko mi jedno	It's all the same to me
Jeden za wszystkich, wszyscy za jednego	One for all and all for one
Co dwóch to nie jeden	Two heads are better than one
Nie ma dwóch zdań	There are no two ways (lit. opinions) about it
Nie trzeba mi dwa razy mówić	You don't have to tell me twice
Mówić trzy po trzy	To ramble on inconsequentially

Exercise 1

Translate:

18 – 32 – 112 – 201 – 999 – 5,400 – 3,120,307

6 months; 100 words; millions of Poles; there were 800 women; I have 4 weeks (of) holiday; 2 students were waiting; I met a few friends.

COLLECTIVE NUMBERS AND 'BOTH'

N./A.	dwoje	troje	czworo	Like czworo: pięcioro
G.	dwojga	trojga	czworga	sześcioro, siedmioro,
D	dwojgu	trojgu	czworgu	ośmioro, dziewięcioro,
I.	dwojgiem	trojgiem	czworgiem	dziesięcioro, jedenaścioro,
L.	dwojgu	trojgu	czworgu	dwanaścioro etc.,

Similarly: **kilka – kilkoro, kilkanaście – kilkanaścioro**

Collective numbers denote mixed gender. They are also used, instead of cardinal numbers, with the nouns **dzieci** 'children', **ludzie** 'people' and with a few nouns which occur only in the plural e.g. **drzwi** 'door', **spodnie** 'trousers', **okulary** 'spectacles, glasses':

Ilu was jest/było?	How many of you are there/ were there?

Jest nas dwoje	There are two of us (male + female)
Było nas czworo	There were four of us (males + females)
Ile macie dzieci?	How many children do you have?
Mamy sześcioro dzieci	We've six children (boys and girls)
Spotkałem pięcioro ludzi na ulicy	I met five people on the street
Mam dwoje (or dwie pary) spodni, okularów	I have two pairs of trousers, glasses

In compound numbers only the last number can be a collective: **dwadzieścia pięcioro dzieci** 'twenty-five children'.

'Both'

Oba (masc./neut.), **obie** (fem.) – declined like **dwa, dwie; obaj** (men) – like **dwaj; oboje** (mixed gender) – like **dwoje**.

Obaj czekamy	We're both (men) waiting
Obie jesteśmy w Londynie	We're both (women) in London

AGE

In Polish you **have** an age:

Ile masz (pan, pani ma) lat?	How old are you?
Mam osiemnaście lat	I'm 18 (years old)
dwadzieścia jeden lat	21
trzydzieści dwa/trzy lata	32/33
But Córka ma rok	My daughter is one year old

You also **finish** an age:

Skończyłem (-am) piętnaście lat	I've turned 15

Note also colloquially:

Skończyć dwudziestkę, trzydziestkę	To turn twenty, thirty

On jest PO trzydziestce,   He's OVER thirty, fourty
czterdziestce
Ona już musi być dobrze PO   She must already be well
pięćdziesiątce   OVER fifty

With expressions of time **po** (+Loc.) means 'over (past), after'.

TELEPHONE NUMBERS

Telephone numbers are given as follows:

24 – 17 – 03   dwadzieścia cztery – siedemnaście – zero trzy
531 – 42   pięćset trzydzieści jeden – czterdzieści dwa

Longer numbers are broken up as above or read out as single digits:

387 – 2406   trzysta osiemdziesiąt siedem – dwadzieścia cztery,
                zero sześć; trzy, osiem, siedem – dwa, cztery, zero, sze:

Halo! Centrala? Mówi numer   Hello! Exchange? This is 21–16–
21–16–85   85 (lit. number 21–16–85
                                  speaking)

Proszę zamówić dla mnie   Please book me a call to London.
rozmowę z Londynem.   Number 387–2406. (lit. order for
Numer 387–2406.   me a conversation with)

FRACTIONS

½ pół	¼ jedna czwarta *but* as a weight/measure – ćwierć
1½ półtora; półtorej	¾ trzy czwarte
2½ daw/dwie i pół	⅔ dwie trzecie

Półtora is used with masculine and neuter nouns, **półtorej** with feminine nouns.
Fractions require the Genitive case singular.

Some examples of usage:

Czekałem pół roku/półtora roku	I waited half a year/a year and a half
Była tam dwa i pół roku temu	She was there two and a half years ago
Trzy czwarte litra mleka	Three quarters of a litre of milk
Jedna czwarta pokoju była pusta	A quarter (fourth) of the room was empty
Pół na pół	Half and half (fifty-fifty)

To say 'in the middle, halfway, midway' use **połowa** (G.) which behaves like a normal feminine noun:

| W połowie miesiąca/tygodnia | In the middle of the month/week |
| Spotkałem go w połowie drogi | I met him halfway (i.e. midway along the route) |

DISTANCE, MEASUREMENT, WEIGHT

mila -i	mile	cal -a	inch
kilometr -a	kilometre	stopa -y	foot
metr -a	metre	litr -a	litre
centymetr -a	centimetre	tylko	only
funt -a	pound	prawie	nearly, almost
kilogram -a	kilogram	ponad	over, more than

odległość 'distance'; **miara** 'measure'; **waga** 'weight'; **długość** 'length'; **wysokość** 'height'; **wzrost** 'height (of people)'.

Jak daleko jest stąd do . . . ?	How far is it from here to . . . ?
Tylko dwie mile/pięć kilometrów	Only two miles/five kilometres
Jaką to ma długość/wysokość?	How long/high is this?
Prawie dziesięć metrów	Almost ten metres
Ile pan ma wzrostu?	How tall are you?
Prawie 2 metry/6 stóp	Almost 2 metres/6 feet
Ile pani waży?	How much do you weigh?
Ponad pięćdziesiąt kilogramów	Over fifty kilograms

NOUNS DERIVED FROM NUMBERS

1 jedynka 2 dwójka 3 trójka 4 czwórka 5 piątka 6 szóstka 7 siódemka 8 ósemka 9 dziewiątka 10 dziesiątka 11 jedenastka 12 dwunastka etc., then in multiples of ten 20 dwudziestka 30 trzydziestka – 100 setka

These are used to refer to anything identifiable by a number, e.g. buses, house and hotel room numbers, banknotes and, as you have seen, age groups (but only from 20):

Będziesz żył do setki	You'll live to (be) a hundred
Jestem w dwunastce	I'm in (room nr.) 12
Mam tylko dziesiątki	I've only got tens (e.g. 10 pound notes/dollar bills)
Mieszkamy pod jedynką	We live at (under) number 1
Pojedziemy ósemką	We'll go by the number 8 (bus, tram)
Setki tysięcy ludzi	Hundreds of thousands of people

Periods of time are rendered by compound words:

pięciolecie	quinquennium
dziesięciolecie	decade
dwudziestolecie	(period of) twenty years
tysiąclecie państwa polskiego	a thousand years (millennium) of the Polish state
stulecie urodzin/śmierci	centenary of birth/death

The word for 'century, age' is **wiek-u**.

Exercise 2

Translate:

1. How many children have you (pl. formal) got?
2. We've got three – two sons and a daughter.
3. Are we (men) both going or are you (sing. casual) going alone?
4. I wonder how old Witold is?
5. He must be nearly 31 years old.
6. You (sing. casual) think so? I thought that he had already turned 40.

7. I'm going away in 3½ weeks.
8. I'll return in the middle of the month.
9. They live over 200 kilometres from here.
10. You can (sing. formal) take (go by) the number 5 or 11 bus.

PROGNOZA POGODY (WEATHER FORECAST)

Jaka jest pogoda?	What's the weather like?
Pogoda jest ładna/piękna/	The weather's nice/beautiful/
zmienna	changeable
okropna/fatalna/	dreadful/awful/
wstrętna	abominable
słoneczna/łagodna	sunny/mild
Jest ciepło/zimno/chłodno	It's warm/cold/chilly
sucho/mokro/chmurno	dry/wet/cloudy
Jest mgła/mróz	It's foggy/frosty
Jest upał	There's a heat wave
Pada deszcz/śnieg	It's raining/snowing
Wieje wiatr	It's windy (the wind's blowing)
Leje jak z cebra	It's raining cats and dogs (as if from a sieve)
padać (-am, -asz)/paść (padnę, -iesz)	to fall
wiać Impf. (wieję, -esz)	to blow (of wind)
lać Impf. (leję, -esz)	to pour

Vocabulary

burza -y	storm	okres -u	period
błyskawica -y	lightning	opady deszczu	rainfall, showers
chmura -y	cloud		
deszcz -u	rain	przelotny	occasional, passing
grad -u	hailstone		
mgła -y	fog	porywisty	gusting (wind)
mróz, mrozu	frost	umiarkowany	moderate
piorun -a	thunderbolt	lokalny	local

przymroz |ek -ku	groundfrost	rozpogodzenie -a przejaśnienie -a	clear period bright spell, interval
słońce -a	sun	zamglenie -a	(period of)
śnieg -u	snow		mist
temperatura -y	temperature	zachmurzenie -a	cloud, cloudiness
upał -u	heat wave		
wiatr -u	wind	słaby	light, weak
niż -u	low pressure	maksymalny	maximum
wyż -u	high pressure	minimalny	minimum
stop|ień -nia	degree	wschodni	easterly
możliwość-ci	possibility	zachodni	westerly
przeważnie (adv.)	mainly	północny południowy	northerly southerly

■ **Translation**

Jak podaje IMiGW* (read as below) dziś w Warszawie będzie zachmurzenie duże, w ciągu dnia przelotne opady deszczu. Rano zamglenia lub mgła. Po południu przejaśnienia. Wiatry słabe i umiarkowane północne i wschodnie. Temperatura maksymalna około 12 st. (dwunastu stopni).

Według prognozy IMiGW jutro będzie zachmurzenie umiarkowane z przejaśnieniami. Miejscami przelotne opady i burze. Rano lokalne mgły. Wiatry słabe, czasem porywiste, przeważnie zachodnie. Temperatura maksymalna 12 do 17 st. (dwanaście do siedemnastu stopni), minimalna 4 do 8 st. (cztery do ośmiu stopni). Możliwość przymrozków.

As the Meteorological Office informs today in Warsaw there will be heavy cloud with occasional rain showers during the day. In the morning (there will be) periods of mist or fog. In the afternoon (there will be) bright spells. Winds (will be) light and moderate, northerly and easterly. Maximum temperature around 12 degrees (= Centigrade).

* IMiGW Instytut Meteorologii i Gospodarki Wodnej = lit. Institute of Meteorology and Water Management.

According to the forecast tomorrow there will be light cloud with bright spells. In places occasional showers and storms. In the morning fog locally. Winds light, gusting at times, mainly westerly. Maximum temperature 12 to 17 degrees, minimum 4 to 8 degrees. A possibility of groundfrost.

LESSON FIFTEEN
(Lekcja piętnasta)

COMPARISON OF ADJECTIVES

Positive	młody -a -e	young
Comparative	młodszy -a -e	younger
Superlative	najmłodszy -a -e	youngest

stary	(old)	starszy
nowy	(new)	nowszy
tani	(cheap)	tańszy
miły	(pleasant)	milszy*

Adjectives ending in two or more consonants: -ejszy/-iejszy

ciepły	(warm)	cieplejszy*
zimny	(cold)	zimniejszy
trudny	(difficult)	trudniejszy
łatwy	(easy)	łatwiejszy
ładny	(nice)	ładniejszy

Adjectives in -ki/-gi, -oki/-ogi, -eki drop this suffix before adding ending

bliski	(near)	bliższy*
daleki	(far)	dalszy
wysoki	(tall, high)	wyższy*
niski	(low, small)	niższy*
krótki	(short)	krótszy
długi	(long)	dłuższy*
drogi	(dear)	droższy*

*Note the change of g/s → ż; ł → l.

Irregular

dobry	(good)	lepszy	duży	(big)	} większy
zły	(bad)	gorszy	wielki	(great)	
mały	(little)	mniejszy	lekki	(light)	lżejszy
		but	ciężki	(heavy)	cięższy (=regular)

The Nom. pl. endings are: **-si (mŀodsi)** for men, **-sze (mŀodsze)** for other nouns.

Examples

Moi starsi bracia/moje starsze siostry	My elder brothers/my elder sisters
Teraz mam lepszą pracę	Now I've got a better job
On jest najmłodszy	He is the youngest
To jest dobre, to jest lepsze a to jest najlepsze	This is good, this is better and this is the best

COMPARISON OF ADVERBS

Adverbs are compared in much the same way as adjectives:

Positive	łatwo	easy (easily)
Comparative	**łatwiej**	easier
Superlative	**najłatwiej**	easiest

Comparative: add **-iej** (which softens preceding consonant)	Adverbs in **-ko/-go**, **-oko/-ogo**, **-eko** drop this suffix before adding ending but note the spelling change as with adjectives

młodo	młodziej		blisko	bliżej	
staro	starzej		daleko	dalej	
tanio	taniej		wysoko	wyżej	
wesoło	weselej		nisko	niżej	
ciepło	cieplej		długo	dłużej	
zimno	zimniej		drogo	drożej	
trudno	trudniej	*but*	szybko	szybciej	'faster, quicker'
ładnie	ładniej		wolno	wolniej	'slower'
			krótko	krócej	'shorter'

Irregular

dobrze	lepiej		dużo	więcej
źle	gorzej		lekko	lżej
mało	mniej	*but*	ciężko	ciężej	(= regular)

Remember: Adverbs refer to the verb – they describe manner, means, cause, degree. Adjectives describe nouns and refer to their properties:

Wyglądasz **młodo/lepiej/naj-ładniej**	You look young/better/the nicest
Julia jest **młoda/lepsza/naj-ładniejsza**	Julia is young/better/the nicest (prettiest)

Bardziej 'more'; Najbardziej 'most'

The comparative/superlative of adjectives and adverbs can be formed also with **bardziej/najbardziej**. In practice this is rare.

A few common adjectives, however, form their comparative/superlative only in this way:

chory 'sick'; **leniwy** 'lazy'; **zmęczony** 'tired'; **interesujący** 'interesting'; **zadowolony** 'pleased, satisfied'; **nieszczęśliwy** 'unhappy, unfortunate'; **niebezpieczny** 'dangerous, unsafe'

Jestem najbardziej nieszczęśliwym człowiekiem na świecie	I'm the unhappiest/most unfortunate man (person) in the whole world
Ona jest bardziej zmęczona	She is more tired

Mniej 'less'; **Najmniej** 'least'

To jest mniej trudne	This is less difficult
Ona jest najmniej zmęczona	She is the least tired

Bardziej, mniej, etc. can be used without adjectives or adverbs

Ja go najbardziej/najmniej lubię	I like him the most/the least
To mi się bardziej/mniej podoba	I like this (=this appeals to me) more/less

COMPARATIVES AND SUPERLATIVES IN USE

Than

Londyn jest większy NIŻ (+N.) Warszawa OD (+G.) Warszawy	London is bigger THAN Warsaw
On jest wyższy NIŻ ona OD niej	He's taller THAN she is

Niż can also be used as a conjunction:

Mieszkasz bliżej niż myślałem	You live closer than I thought
Lepiej późno niż wcale	Better late than never

The . . . er the . . . er

IM wcześniej TYM lepiej	THE earlier THE better
IM starszy TYM gorszy	THE older (he is) THE worse (he is)

Much, far . . . er

Jestem O WIELE starszy od ciebie	I'm MUCH/FAR older than you
To jest O WIELE lepsze	This is MUCH/FAR better
Tu jest O WIELE lepiej	It's MUCH/FAR better here

More and more – less and less

Ona jest CORAZ ładniejsza	She is (becoming) MORE AND MORE pretty She is getting prettier all the time
Jest CORAZ gorzej/lepiej	It's getting steadily worse/ better
CORAZ bardziej/mniej pada deszcz	It's raining MORE AND MORE/LESS AND LESS
But Jest CORAZ **więcej**/mniej ludzi	There are MORE AND MORE/FEWER AND FEWER (of) people

Compare: **bardziej** = degree, intensity; **więcej** = quantity, number of.

The (most) of all

Ona jest najładniejsza ZE WSZYSTKICH	She is the prettiest OF THEM ALL
Ten hotel jest najdroższy ZE WSZYSTKICH	This hotel is the most expensive OF ALL

As . . . as possible

Proszę pisać JAK najwięcej	Please write AS much AS POSSIBLE
Chcemy kupić JAK najtańszy bilet	We want to buy AS cheap a ticket AS POSSIBLE (= the cheapest possible)

Jak is used also in straight comparisons:

Chytry jak lis/silny (zdrowy) jak koń	Crafty as a fox/strong (healthy) as a horse
Wesoły jak szczygieł	Happy as a lark (lit. goldfinch)
Biały jak kreda/stary jak świat	White as a sheet (lit. chalk)/old as the world (as time itself, as the hills)

Note some of its other uses:

Widziałem, jak/kiedy szłaś do domu	I saw you going home (=as/when you were going home)
Lubię, jak/kiedy jesteś w domu	I like you being at home/I like it when you are at home
Ona jest wysoka jak na swój wiek	She's tall for her age
Gdzie jak gdzie, ale w domu najlepiej	There's no place like home (lit. where like where but it's best at home)

MORE OR LESS, (NO) MORE/LESS (THAN)

On jest mniej więcej w moim wieku	He's more or less (about) my age
Było to mniej więcej dwa tygodnie temu	It was more or less two weeks ago

Byłem tam nie mniej niż pięć razy	I was there no less than five times
Jedziemy na nie więcej niż miesiąc	We're going for no more than a month
Tysiąc funtów (a)ni mniej (a)ni więcej	A thousand pounds, no more no less
Nie chcę rozmawiać z tobą więcej	I don't want to talk with you anymore

Exercise 1

Translate:

1. It's colder today than yesterday.
2. The sooner (quicker) he comes the better.
3. She is young, much younger than I thought.
4. This hotel is cheap, that one is cheaper but this one is the cheapest.
5. The days are increasingly short.
6. This is the best country of all.
7. I want to meet you (sing. formal/casual) as soon as possible.
8. We have more or less two weeks (of) time.
9. Here it's far more expensive.
10. I heard you (sing. casual) talking to/with that woman (=lady).

WHEN, HOW SOON/FAST

kiedy?	when?	kiedy tylko/jak tylko	as soon as, once
teraz	now		
natychmiast	immediately	dopiero	not till
wciąż	constantly	dopiero co	just now, only just
znowu	again, once more		
		jak prędko/szybko?	how fast?
zaledwie	barely, hardly	(comp.= prędzej, szybciej)	
nagle	suddenly		
kiedykolwiek	whenever	powoli/wolno	slowly

Muszę wyjść natychmiast	I must leave immediately
Możecie przyjść kiedykolwiek chcecie	You can come whenever you like
Znowu/wciąż páda deszcz	It's raining again/constantly
Wciąż mówi jedno i to samo	He constantly says (keeps saying) one and the same thing
Zaledwie skończyła pracę kiedy . . .	She had barely finished work when . . .
To zaledwie początek	This is barely the beginning
Proszę przyjść czym prędzej *or* jak najszybciej	Please come as quickly as possible
Jak tylko zacznie mówić, to mówi i mówi	Once he starts talking, then he goes on and on (=he talks and talks)
Musiał nagle wyjść	He suddenly had to go out
Pociąg dopiero co odszedł	The train has just left

■ **Conversation**

Czy byłeś już na urlopie?	Have you been on holiday yet?
– Jeszcze nie. Urlop mam dopiero za miesiąc.	– Not yet. I have my holiday in (i.e. not till) a month's time.
Znowu jedziesz do Hiszpanii?	Are you going to Spain again?
– Nie, byłem już tam dwa razy.	– No, I've already been there twice.
To może* do Grecji?	Perhaps to Greece then?
– Co za dobry pomysł! Jeszcze nie byłem w Grecji.	– What a good idea! I haven't been to Greece yet.
Brat dopiero co wrócił z Grecji. Mówi, że tam jest jeszcze† tanio.	My brother's just returned from Greece. He says (that) it's still cheap there.

---

*może = perhaps. Do not confuse with 3rd. pers. sing. present tense of móc, which has an identical form.
†Revise jeszcze, już in Lesson 5.

EVERYONE, INCLUDING, EXCLUDING, EVEN, THE REST

Czy są wszyscy? (men, mixed gender)	Is everyone here?/Are they all here?
wszystkie? (women, animals, objects)	
Są wszyscy OPRÓCZ (G)/ Z WYJĄTKIEM (G) pani Spencer	Everyone is here APART FROM/WITH THE EXCEPTION OF Mrs (Miss) Spencer
Jesteśmy tu RAZEM	We're here TOGETHER
Wszystkie pojechały, NAWET Teresa	They've all gone, EVEN Teresa
Nigdy nie widziałem TYLU ludzi	I've never seen SO MANY people
Gdzie jest RESZTA studentów?	Where are the REST (REMAINDER) of the students?

BARELY, HARDLY, COMPLETELY, NOT AT ALL

Jest ZALEDWIE kilka osób	There are BARELY a few people (here)
PRAWIE nikogo tam nie było	There was HARDLY anyone there
Miasto będzie ZUPEŁNIE puste	The town will be COMPLETELY empty
WCALE nie ma miejsca	There's no room AT ALL

Similarly

Prawie*/zaledwie skończyłem	I've almost/barely finished
To wcale nie jest łatwe	This is not easy at all
Zupełnie zapomniałem o tym	I forgot completely about it
Ma prawie dziesięć lat	He/she's almost ten years old

*prawie = almost, pretty nearly; hardly

HOW TO EXPRESS AN OPINION

Myślę/ja myślę 'I think' is easily abused and overused in Polish. Consider the following and improve your style:

Sądzę, że . . .	I think/judge that	Moim zdaniem	In my opinion
Uważam, że . . .	I consider that	Według mnie	According to me
Przypuszczam, że . . .	I suppose that	Wątpię czy	I doubt whether
Wydaje mi się, że . . .	It seems to me that	Zgadzam się że . . .	I agree that
Wiadomo, że . . .	It's known that	Masz rację (ale)	You are right (but)
Jest oczywiste, że . . .	It's obvious that	Łatwo/trudno powiedzieć	It's easy/hard to say
Nie ulega wątpliwości, że . . .	There's no doubt that	Nie dziwię się, że . . .	I'm not surprised that
Cieszę się, że . . .	I'm happy (glad) that	Żałuję, że . . .	I regret that
Mam nadzieję, że . . .	I hope that	Szkoda, że . . .	It's a pity that

■ Jak ci się wydaje? Czy ona przyjdzie czy nie?

What do you think (=how does it seem to you?) Will she come or not?

– Przypuszczam, że przyjdzie ale trudno powiedzieć. Mam nadzieję, że przyjdzie.

– I suppose she'll come but it's hard to say. I hope she will come.

Ja uważam, że ona nie przyjdzie. Moim zdaniem lepiej na nią nie czekać.

I think (=consider) that she won't come. In my opinion it is better not to wait for her.

– Może masz rację ale szkoda, że nie przyszła. Przypuszczam, że ma dużo pracy.

– Perhaps you're right but it's a pity (that) she didn't come. I suppose (that) she has a lot of work.

Nigdy nie wiadomo. Może zapomniała.

You never know. Perhaps she's forgotten.

DOUBT, CERTAINTY

może	perhaps	jestem pewien	I'm certain
chyba	probably	(m.)/pewna(f.),	that
na pewno	certainly, for	że	
	sure	jestem	I'm convinced
podobno	apparently	przekonany, że	that
widocznie	evidently	naprawdę?	really?
watpić (-ę	to doubt	oczywiście	of course
-isz) czy	whether	naturalnie	naturally
		jasne (colloq.)	sure

Wątpię czy on będzie w domu

I doubt whether he'll be at home

Znasz go? – Oczywiście. – Naprawdę?

Do you know him? – Of course. – Really?

Idziemy do kina? – Jasne!

Are we going to the cinema? – Sure!

Przyjdzie? – Podobno nie

Will he/she come? – Apparently not

Oni na pewno nie napiszą

They certainly won't write (=I'm sure of it)

Chyba is used variously in colloquial speech:

chyba tak = I suppose, should think so
chyba nie = I doubt it, shouldn't think so
już się chyba znamy = I think we already know each other; we seem to have met
to jest chyba Polak = that must be a Pole (as far as I know or one can tell)

WHAT DOES IT MATTER?

Cóż* to szkodzi/znaczy?	What does it matter? (lit. harm/mean)
To nic nie szkodzi/znaczy	This doesn't matter at all (=this matters nothing, means nothing)

Note also:

Co temu brakuje?	What's wrong with this?
Co to za różnica?	What's the difference?
Co się z tobą dzieje?	What's the matter with you?/ What's up with you? (lit. what's happening with you?)
Co ci to obchodzi?	What's it got to do with you?/ How does this concern you?
To mnie wcale nie obchodzi	It doesn't concern me at all
Wszystko mi jedno	It's all the same to me

HOTEL

Polish	English	Polish	English
hotel -u	hotel	recepcja -i	reception
pensjonat -u	pension	portier -a	porter
pokój jednoosobowy	single room	pokojowa -ej	room maid
		winda -y	lift,
dwuosobowy	double room		elevator
pokój z łazienką	room with bathroom	klucz -a	key
		widok na (A.)	view of, out
piętro -a	floor		onto
na pierwszym,	on the first,	śniadanie -a	breakfast
drugim	second	obiad -u	lunch,
piętrze	floor		dinner
karta meldunkowa	registration card	kolacja -i	supper

*Cóż = emphatic form of co

rezerwować (-uję, -ujesz)/ zarezerwować	to reserve	zarezerwowany (adj.)	reserved
zamierzać (-am, -asz)	to intend	pobyt -u	stay
zatrzymywać (-uję,-ujesz)/ zatrzymać (-am,-asz) się	to stop, stay		

■ Dzień dobry. Mam tu zarezerwowany pokój.

Good morning. I have a room reserved here.

– Nazwisko pańskie?

– Your name?

Peter Mitchell, z Londynu.

Peter Mitchell, from London.

– Chwileczkę . . . Tak, jest dla pana zarezerwowany pokój jednoosobowy z łazienką. Jak długo pan zamierza się zatrzymać?

– One moment . . . Yes, there's a single room with bathroom reserved for you. How long do you intend to stay?

Mniej więcej dwa tygodnie.

About (more or less) two weeks.

– Proszę o paszport i proszę wypełnić kartę meldunkową . . . To jest klucz dla pana. Pokój numer czterysta dwa, na czwartym piętrze. Życzymy panu miłego pobytu.

– Your passport please and please fill in the registration card . . . This is your key. Room 402 on the fourth floor. We wish you a pleasant stay.

Dziękuję.

Thank you.

LESSON SIXTEEN
(Lekcja szesnasta)

IMPERATIVES

The Imperative of many verbs is formed by dropping the final letter of the 3rd person singular present tense (**Imperfective**)/future tense (**Perfective**):

idzie	– idź	go!		pije	– pij	drink!	
jedzie	– jedź	go!		pisze	– pisz	write!	
kupi	– kup	buy!		siedzi	– siedź	sit!	
leży	– leż	lie!		uczy się	– ucz się	learn!	
martwi się	– martw się	worry!		umyje się	– umyj się	wash yourself!	
mówi	– mów	speak!					
patrzy	– patrz	look!		wierzy	– wierz	believe!	
podziękuje	– podziękuj	thank!		zadzwoni	– zadzwoń	ring!	
pomyśli	– pomyśl	think!		zrobi	– zrób	do!	
pracuje	– pracuj	work!	*but*	bierze	– bierz ⎫		take!
pomoże	– pomóż	help!		weźmie	– weź ⎭		
				(Pf.)			

Remember: **dzi**, **ni** at the end of a word become **dź**, **ń** (like **si** -**ś**, **zi** -**ź**, **ci** -**ć**)

Regular verbs in -**ać** drop the final letter of the 3rd person plural:

czytają	– czytaj	read!	
czekają	– czekaj	wait!	
pamiętają	– pamiętaj	remember!	
siadają	– siadaj	sit down!	
słuchają	– słuchaj	listen!	
wracają	– wracaj	return!	
zapytają	– zapytaj	ask!	
dają	– daj	give!	

Similarly: **wiedzieć**, **jeść** and Perfectives formed from them

wiedzą	– wiedz	know!
powiedzą	– powiedz	say, tell!
(z)jedzą	– (z)jedz	eat(up)!

Irregular

być	– bądź	be!
mieć	– miej	have!
zapomnieć	– zapomnij	forget! (but **zapominać** Impf. = regular **zapominaj** like **siadać** – **siadaj**)
(u)siąść	– (u)siądź!*	sit down!

Plurals:

For the plural 'you' ADD -cie:

idźcie do domu 'go home'
czekajcie na mnie 'wait for me'
umyjcie się 'wash yourselves'

To say 'let us' ADD -my:

idźmy (or **chodźmy**) **do kina** 'let's go to the cinema'
mówmy po polsku 'let's speak Polish'

Note: **idź do domu** 'go home'; **chodź ze mną** 'come with me'.

A direct order commanding or forbidding something is often expressed by the simple infinitive:

Nie palić	No smoking/Don't smoke
Nie dotykać	Don't touch
Czekać	Wait
Nie deptać trawników	Keep off the grass (=Don't trample the lawns)

Examples

Zadzwoń do mnie jak tylko wrócisz	Ring me as soon as you return (will return)
Zapytaj się kogo chcesz	Ask anyone you like
Chodźmy na jednego	Let's go for a drink (lit. for one)

*(u)siądź is more of an order than the fairly neutral (normally) **siadaj**.

Daj mi spokój	Leave me alone (lit. give me peace)
Nie denerwuj się, wszystko będzie w porządku	Take it easy (don't get upset), everything will be all right (=in order)
Proletariusze wszystkich krajów łączcie się	Proletarians of the world (lit. of all countries) unite
Panie, zlituj się nad nami	Lord, have mercy on us

Polite forms of the Imperative

Proszę 'please' + infinitive:

Proszę pamiętać, że jutro wyjeżdżam	Please remember that I'm leaving tomorrow
Proszę nie palić	Please don't smoke
Proszę mi pomóc*	Please help me

Niech (commonly with **pan, pani**) + 3rd person of the verb is an equally polite form. It can also translate 'let him, her etc . . .':

Niech pan się nie martwi	Do not worry (=Please don't)
Niech pani zaczeka	Do wait (=Please do)
Niech ona sama to robi	Let her do it herself

Similarly:

Niech żyje Polska	Long live Poland

After **niech** perfective verbs = future tense

Aspects contrasted

Myśl tylko o Anglii	Think (=keep thinking) only of England
Pomyśl o tym	Think about it (give it a thought)
Zadzwoń do mnie wieczorem	Ring me in the evening
Dzwoń do mnie wieczorami	Ring me (i.e. regularly) in the evenings

*Pomóż mi/proszę mi pomóc *But* in emergencies **Pomocy!** or **Ratunku!** 'Help!'

Łączcie się	Unite (=keep on uniting)
Złączcie się	Unite (=once and for all)
Proszę wejść/wyjść	Please go in, enter/go out, leave (=now)
Proszę wchodzić/wychodzić	Please go in/go out (=start, be going, in/out)

Remember: Perfective verbs stress a single, completed action. Their Imperative forms are therefore much more emphatic.

■ **Conversations**

Nudzi mi się.	I'm bored.
– Usiądź i oglądaj telewizję!	– Sit down and watch television.
Teraz nie ma nic ciekawego.	There's nothing interesting now.
– To zadzwoń do kolegi i idźcie razem na spacer!	– Then ring your friend and go for a walk together.
Nie ma go dzisiaj w domu.	He's not at home today.
– Słuchaj! Nie mam czasu z tobą rozmawiać. Rób co chcesz! Nie denerwuj mnie!	– Listen! I haven't got time to talk with you. Do what you want! Don't irritate me!

Compare:

nie denerwuj mnie	'don't irritate me, get on my nerves'
nie denerwuj się	'take it easy, don't get excited, don't upset yourself'

(infinitive = **denerwować (się)**)

Karol: Cześć, Antek. Dobrze, że się z tobą spotkałem. Jadę jutro do Krakowa. Pojedziesz ze mną? Milej będzie. Nie mów, że nie masz czasu.

Antek: Mogę pojechać, ale pomyśl ile pokój w hotelu teraz kosztuje.

Karol: Nie martw się. Pokój będzie u siostry. Nic cię nie będzie kosztowało.

Antek: Dobrze, pojadę. Dawno nie byłem w Krakowie.

Karol: Teraz idź na dworzec i kup sobie bilet. Aha . . .
zadzwoń do Jane. Szukała cię po południu. Jeśli
będziecie mieli czas, przyjdźcie do mnie wieczorem.

Karol: Hi, Antek. I'm glad (it's good that) I met you. I'm
going to Kraków (Cracow) tomorrow. Won't you
come with me? It will be more pleasant. Don't say
that you haven't got the time.

Antek: I can go, but think how much a room in a hotel costs
now.

Karol: Don't worry. There will be a room at my sister's. It
won't cost you anything.

Antek: All right, I'll go. I haven't been to Kraków for a long
time.

Karol: Now go to the (railway) station and buy yourself a
ticket. Oh, yes . . . ring Jane. She was looking for you
in the afternoon. If you have (=will have) time
come to my place (=to me) in the evening.

SHOULD, OUGHT TO (HAVE)

	M.	F.	
Sing.	powinienem	powinnam	I should, ought to
	powinieneś (był)	powinnaś (była)	(have)
	powinien	powinna	
Pl.	powinniśmy	powinnyśmy	
	powinniście (byli)	powinnyście (były)	
	powinni	powinny	

The neuter sing./impersonal form = **powinno (było)** 'it/one should,
ought to (have)'

Powinienem napisać do niego — I ought to write to him
Nie powinnaś była tego powiedzieć — You shouldn't have said that
Powinniście byli na nas zaczekać — You should have waited for us

Powinien/powinna być w domu	He/she should be at home
Powinnam pójść do lekarza	I ought to go to the doctor
Jutro powinno być ładnie	Tomorrow it should be fine (nice)
Nie wiem, co powinni byli zrobić	I don't know what they should have done

Powinienem, **powinnam** denote duty, obligation (or a supposition) but are less strong than **musieć** 'must, have to' which suggests that there is no choice:

Muszę napisać do niego/muszę iść	I have to write to him/I must go

It may be of consolation to some that duty, obligation can also be rendered by the relatively simpler **trzeba/trzeba było/trzeba będzie** 'one should/should have/will have to'. This is less emphatic but common in colloquial speech:

Trzeba iść do domu	I've got to go home
Trzeba było mu powiedzieć	You should have told him
Trzeba będzie kogoś się zapytać	We'll have to ask someone

Conversation

■ Wyglądasz zmęczony.

You look tired.

– Za dużo mam pracy ale trzeba będzie wyjechać na parę dni.

– I've got too much work but I'll have to go away for a few days.

Powinieneś wyjechać nad morze.

You ought to go to the seaside.

– Tam jest za dużo ludzi. Muszę mieć spokój. Pojadę w góry.

– There are too many people there. I must have peace. I'll go to the mountains.

MONEY

pieniądze (pl.), pieniędzy	– money	banknot -u – banknote
		waluta -y – currency

drobne (pieniądze)	– small change	czek podróżny	– traveller's cheque
kurs wymiany	– exchange rate	bankomat	– cash point/ dispenser
karta płatnicza	– charge card	konto bankowe	– bank account
		inflacja	– inflation
karta kredytowa	– credit card	giełda	– stock exchange

The two units of Polish currency are the **złoty** 'zloty' (lit. golden) and **grosz** (100 = 1 zloty). To change money, other than in a bank or hotel, look for a **kantor wymiany** – referred to simply as **kantor** (foreign exchange office/bureau de change).

Here are some common currencies (sing. form followed by pl.):

funt -a	pound	lir -a	lira
funty -ów		liry -ów	
dolar -y	dollar	peseta -y	peseta
dolary -ów		pesety, peset	
frank -a	franc	jen -a	yen
franki -ów		jeny -ów	
marka -i	mark	rubel, rubla	rouble
marki, marek		ruble, rubli	

Ile to kosztuje?/Ile płacę?	How much does this cost?/How much do I pay?
sto marek/dwieście złotych	100 marks/200 zlotys
dolar pięćdziesiąt/pięć funtów	one dollar 50/five pounds
trzydzieści tysięcy lirów	30,000 lira

Some words and phrases:

mieć pieniądze/być bez pieniędzy	to have money/to be without money

liczyć się z pieniędzmi | to be careful with one's money (lit. to count, reckon with money)

kieszonkowe — pocket-money

Nie mam ani grosza — I haven't a grosz = I haven't a penny, a cent

Jaka jest cena? — What is the price?

Cena jest (za) wysoka/niska — The price is (too) high/low

Ceny idą w górę/w dół — Prices are going up/down

Gdzie można wymienić pieniądze? — Where can I (one) change some money?

Owing money – debts

'To owe' is rendered by być + winien (m.) winna (f.)*; pl. winni, winne:

Ile ci jestem/byłem/będę winien (winna)? — How much do I/did I/will I owe you?

Jesteś mi winien (winna) pięć dolarów — You owe me five dollars

Będziemy panu winni (winne) kilkaset funtów — We will owe you several hundred pounds

Była mi pani winna tysiąc złotych — You owed me a thousand zlotys

The word for 'debt' is dług -u:

Mam ogromne długi — I've got enormous debts

Jestem w długach po uszy — I'm up to my ears in debts

Nie możemy wyjść z długów — We can't get out of debts

spłacić długów — pay off the debts

TO NEED, TO BE SHORT OF

potrzebować 'to need'; brakować 'to be short of, to be missing'

Czego potrzebujesz? — What do you need?

---

* winien, winna also translate 'guilty': nie jestem winien/winna 'I'm not guilty'.

Potrzebuję czasu/pieniędzy (G.)	I need time/money
Niczego nie potrzebuję	I don't need anything
Czy pani to potrzebuje?	Do you need this?
Czego ci brakuje?	What are you short of? (What to you (D.) is missing?)
Brakuje mi (D.) mleka (G.)	I'm short of milk
Kogo brakuje?	Who's missing?
Brakuje jeszcze jednej osoby	There's (=it is) still one person missing
Tego tylko brakowało (idiomatically)	That's all I (we) needed

Brakować can be replaced by the noun **brak -u** 'lack, shortage' to give exactly the same meaning: **Czego ci brak? Kogo brak? Brak mi pieniędzy**.

SHOPS

sklep -u	shop	biuro podróży	travel bureau (agency)
sklep samo-obsługowy (abbrev.SAM)	self-service shop, store	CEPELIA	folk art and crafts
sklep spożywczy	groceries	DESA	works of art and antiques
sklep rybny	fishmonger's		
mięso*	meat, butcher's		
piekarnia -ni	baker's, bakery	sprzedawca -y	shop assistant (male)
cukiernia -ni	confectioner's		
kwiaciarnia -ni	flowers, florist		
księgarnia -ni	bookshop	sprzedawczyni	shop assistant (female)
jubiler -a	jeweller's		
apteka -i	chemist		
obuwie -a	footwear		

*The sign indicates the article sold; the word for 'butcher' is **rzeźnik**.

Unless a shop is open **Otwarty** or closed **Zamknięty** two other notices are often to be seen: **Remont** 'Repairs, decoration' and **Remanent** 'Stock-taking'. Both mean you are out of luck.

FOOD

chleb -a	bread		
mleko -a	milk	pomidor -a	tomato
kawa -y	coffee	fasola -i	bean(s)
herbata -y	tea	grosz|ek -ka	pea(s)
ciastko -a	cake	march|ew -wi	carrot(s)
bułka -i	roll	kapusta -y	cabbage(s)
masło˙-a	butter	ziemniak -a	potato
ser -a	cheese	owoc ·-a	a fruit
		pl. owoce -ów	fruit
jajko -a	egg	jabłko -a	apple
zupa -y	soup	śliwka -i	plum
ryba -y	fish	gruszka -i	pear
kiełbasa -y	sausage	pomarańcza -y	orange(s)
ogór |ek -ka	cucumber	cytryna -y	lemon
wieprzowina -y	pork	sałata -y	salad
baranina -y	lamb	paczka -i	packet
szynka -i	ham	puszka -i	tin
cukier, cukru	sugar	butelka -i	bottle
dżem -u	jam	kawał|ek -ka	a piece
kanapka -i	sandwich	bochen|ek -ka	a loaf
jarzyna -y	vegetable	tuzin -a	a dozen

Conversation

■ Nie mam czasu iść do sklepu.

I haven't time to go (=be going) to the shop.

– Co trzeba kupić? Ja pójdę.

– What have we got to buy? I'll go.

Chleb, kawałek sera, kilogram szynki i cukier.

Bread, a piece of cheese, a kilo of ham and sugar.

– Co jeszcze?

– What else?

Nie mamy pomidorów, sałaty.
  Nie ma owoców a na śniadanie
  nie ma jajek.

We haven't any tomatoes,
  salad. There's no fruit and
  for breakfast there are no
  eggs.

– Dobrze, już idę. Po drodze
  kupię butelkę wina.

– All right (OK) I'm off (=I'm
  going already). On the way
  I'll buy a bottle of wine.

Exercise 1

Translate:

1. Go (sing. casual) to the shop, buy a packet of tea, a pound of butter and a dozen eggs.
2. I need money. I've only got small change. Give (sing. casual) me a couple of pounds.
3. When will you (pl. formal) pay off the debts?
4. I don't know. We're always short of money.
5. Prices always go up, never down.
6. She should have returned yesterday.
7. I will have to thank him.
8. Go (sing. formal/use **niech**) to the travel agency and buy yourself a ticket.

LESSON SEVENTEEN
(Lekcja siedemnasta)

ORDINAL NUMBERS

1st	pierwszy	11th	jedenasty	20th	dwudziesty
2nd	drugi	12th	dwunasty	30th	trzydziesty
3rd	trzeci	13th	trzynasty	40th	czterdziesty
4th	czwarty	14th	czternasty	50th	pięćdziesiąty
5th	piąty	15th	piętnasty	60th	sześćdziesiąty
6th	szósty	16th	szesnasty	70th	siedemdziesiąty
7th	siódmy	17th	siedemnasty	80th	osiemdziesiąty
8th	ósmy	18th	osiemnasty	90th	dziewięćdziesiąty
9th	dziewiąty	19th	dziewiętnasty		
10th	dziesiąty				

100th	setny	1,000th	tysięczny
200th	dwusetny	2,000th	dwutysięczny
300th	trzechsetny	3,000th	trzytysięczny
400th	czterechsetny	4,000th	czterotysięczny
500th	+ pięćsetny, sześćsetny etc. (cardinal + setny)	5,000th	+ pięciotysięczny, sześciotysięczny

10,000th dziesięciotysięczny   100,000th stutysięczny   1,000,000th milionowy

20,000th dwudziestotysięczny
30,000th trzydziestotysięczny
50,000th pięćdziesięciotysięczny   ostatni   last

Ordinal numbers are adjectival and agree with the noun to which they refer: **pierwszy -a-e** Pl. **pierwsi** (men), **pierwsze** (other nouns); **drugi -a-e** Pl. **drudzy, drugie; trzeci -ia-ie** Pl. **trzeci, trzecie; czwarty -a-e** Pl. **czwarci, czwarte**, etc.

Examples

pierwszy człowiek/pierwsi ludzie	the first man/the first people
po raz pierwszy i ostatni	for the first and last time
czy to twoje ostatnie słowo?	is that your last word?
jedni mówią to, drudzy tamto	some say this, some (= the second) say that
po pierwsze . . . po drugie . . .	first (in the first place) . . . second . . .
byłem na (L.) piątym miejscu	I was in fifth place
dziesiąta rocznica ślubu	tenth wedding anniversary (of marriage)
setna rocznica (urodzin, śmierci)	100th anniversary (of birth, death)

In compounds up to 100 **both** numbers are ordinals:

21st **dwudziesty pierwszy**; 48th **czterdziesty ósmy**

In compounds over 100 **only the last two** numbers are ordinals:

132nd **sto** (cardinal) **trzydziesty drugi** (ordinal)
the year 1984 **rok tysiąc dziewięćset** (cardinal) **osiemdziesiąty czwarty** (ordinal)

For cardinals see Lesson 14.

Exercise 1

Translate:

33rd – 177th – 261st – 725th – 80,000th

She's in first place; I'm telling you for the tenth time; today is our first wedding anniversary; this is my fifth daughter; we're here for the last time; her first stay in Poland was very pleasant; he's just finished his third year at university.

THE CLOCK

Która (jest) godzina?   What time is it?

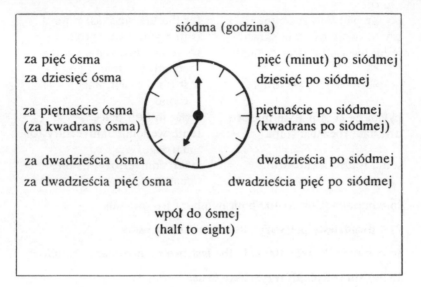

siódma (godzina)

za pięć ósma	pięć (minut) po siódmej
za dziesięć ósma	dziesięć po siódmej
za piętnaście ósma	piętnaście po siódmej
(za kwadrans ósma)	(kwadrans po siódmej)
za dwadzieścia ósma	dwadzieścia po siódmej
za dwadzieścia pięć ósma	dwadzieścia pięć po siódmej

wpół do ósmej
(half to eight)

Notice: **po** 'after' + Loc.; **wpół do** 'half to' + Gen. of next hour; **za** 'in' + Acc. of minutes and Nom. of next hour.

Hours are ordinal numbers, minutes are cardinals. The nouns **godzina** 'hour' and **minuta** 'minute' are usually omitted. The word for seconds is **sekunda**.

Time can also be expressed as follows: **siódma piętnaście** 'seven fifteen', **druga trzydzieści** 'two thirty', **czwarta pięćdziesiąt dwa** 'four fifty two'.

O której godzinie jest pociąg?
At what time is the train?

O (godzinie) piątej, szóstej
AT five, six (o'clock)
O wpół do drugiej = o
pierwszej trzydzieści
At half past one (at one thirty)

Kiedy skończysz?
When will you finish?

ZA godzinę/dwie godziny/pół godziny

	IN an hour/two hours/half an hour
Kiedy wróciłaś? When did you return?	Godzinę TEMU/pięć minut, godzin TEMU An hour/five minutes, hours AGO
Kiedy pan będzie w domu? When will you be at home?	OD pierwszej DO drugiej FROM one TO two MIĘDZY czwartą A piątą BETWEEN four AND five PRZED drugą, szóstą BEFORE/BY two, six OKOŁO ósmej. PO dziesiątej ABOUT eight. AFTER ten
Na którą (godzinę) masz tam być? For what time do you have to be there?	NA siódmą, jedenastą FOR seven, eleven
Jak często kursują autobusy? How often do the buses run?	CO godzinę/CO pół godziny/ CO dziesięć minut EVERY hour/half hour/10 minutes

Remember: The case of the noun (Nom. or Gen.) after numbers. See Lesson 14.

Timetables, radio and television use the 24-hour clock. This can be used also in colloquial speech to distinguish between morning and afternoon hours:

ósma wieczorem OR godzina dwudziesta	eight o'clock in the evening OR 20.00 hours
spotkamy się o dziewiętnastej	we'll meet at 19.00 (i.e. at 7 pm)
pociąg odchodzi (przychodzi) o czternastej dwadzieścia = o drugiej dwadzieścia po południu	the train leaves (arrives) at 14.20 = at 2.20 in the afternoon

'It's gone (passed) / getting on for (approaching) / it's exactly'

Minęła (godzina) pierwsza	It's gone/passed one
Zbliża się północ	It's getting on for/approaching midnight

Jest dokładnie ósma	It's eight exactly

Similarly:

Zbliża się/minęła rocznica naszego ślubu	Our wedding anniversary is approaching/has passed

Some related phrases:

Czy masz zegarek?/Czy jest tu zegar?	Do you have a watch?/Is there a clock here?
Czy twój zegarek dobrze idzie?	Is your watch right? (= does it go well)
Nie, śpieszy/późni się	No, it's fast (= it hurries)/it's slow
Późni się o pięć minut	It's five minutes slow
Zegarek nie idzie	My watch has stopped (= it isn't going)

Exercise 2

Answer the following questions using the times given:

1. O której przyjdziesz? (at 6 exactly; about half past six)
2. Kiedy pani będzie w domu? (between 12.00 and 14.00; in 25 minutes)
3. O której wrócisz? (at 8 in the evening; before (by) 10)
4. Kiedy on pojechał? (2½ hours ago; about 7.30 in the morning)
5. Kiedy można dzwonić do pana? (after 3 o'clock in the afternoon; up to 23.00)

THE RAILWAY

PKP (Polskie Koleje Państwowe) = Polish State Railways

pociąg -u	train	pociąg	
dwo|rzec -rca	station	miejscowy	local train
-główny	main station	podmiejski	surburban train
peron -u	platform	towarowy	freight train
konduktor -a	conductor	osobowy	slow (all stops)
rozkład -u jazdy	timetable	pośpieszny	fast (limited stops)

odjazd -u	departure	ekspres -u	express
przyjazd -u	arrival	bilet w jedną	single ticket (=
połączenie -a	connexion	stronę	one way)
przedział -u	compartment	powrotny	return ticket
wagon -u restauracyjny	restaurant car	normalny	normal (full fare)
sypialny	sleeping car	ulgowy	reduced fare
korytarz -u	corridor	miejscówka -i	reserved seat
tor -u	track		ticket
pasażer -a	passenger (m.)	pierwsza/	1st/2nd class
pasażerka -i	passenger (f.)	druga klasa	
kolejka -i	queue	dla palących	smoking (for
bagażowy, or	porter		those -ing
numerowy		dla niepalą-	non smoking
przechowalnia bagażu	left luggage office	cych powr|ót -otu	return

wsiadać (-am, -asz)|wsiąść DO pociągu*
to get ON a train (= get in to)

wysiadać (am, asz)|wysiąść Z pociągu
to get OFF a train (– to get out of)

spóźnić (-ię, -isz) się (Pf.)
to be late

zdążyć (-ę, -ysz) NA pociąg
to be on time FOR a train

*Wsiadać **na** pociąg is a schoolboy howler; in Polish it means literally 'to get **on top** of the train', and is not recommended. **Wsiąść, wysiąść** are irregular: Future w(y)siądę, w(y)siądziesz; w(y)siądą. Past w(y)siadłem -am; w(y)siedli, w(y)siadły

Some phrases:

Proszę wsiadać

Please take your seats/All aboard

Pociąg ma około 20 minut spóźnienia

The train is about 20 minutes late (= has about 20 minutes of delay)

Pociąg jest opóźniony (adj.)

The train is delayed

Pociąg odchodzi Z peronu drugiego/przychodzi NA peron drugi

The train leaves FROM (= out of) platform two/arrives AT platform two

■ Conversation

Proszę o bilet powrotny pierwszej klasy na pociąg pośpieszny do Krakowa.

A return first class ticket for the fast train to Kraków (Cracow) please.

– Dzisiaj jest tylko ekspres z miejscówkami.

– There is only the express today with seat reservations.

Proszę więc o przedział dla niepalących. Ile płacę?

A non smoking compartment then please. How much is it? (= How much do I pay?)

– Płaci pan 250 złotych 50 (groszy).

– 250 zlotys 50.

O której odchodzi ten pociąg?

What time does this train leave?

– O 16.25 z peronu trzeciego.

– At 16.25 from platform three.

MONTHS, SEASONS

styczeń, stycznia	January	lipiec, lipca	July
luty, -ego*	February	sierpień, sierpnia	August
marzec, marca	March	wrzesień, września	September
kwiecień, kwietnia	April		
maj -a	May	październik -a	October
czerwiec, czerwca	June	listopad -a	November
		grudzień, grudnia	December

All names of the months are masculine. *Luty is declined like an adjective because it is an adjective, meaning 'severe, bleak'.
The plural of miesiąc 'month' is miesiące G.miesięcy.

wiosna -y	spring	jesień -ni	autumn
lato -a	summer	zima -y	winter

It might be interesting to note here that the plural of **rok** 'year' is **lata** – the same as the plural of **lato** 'summer'. So: **mam dwadzieścia lat** 'I'm twenty years old' = 'I have twenty summers'.

Expressions of time (see also Lesson 6): **w** 'in, on' – **na** 'for'.

Days: **w** + Acc.

W poniedziałek, we wtorek, w środę etc.
ON Monday, Tuesday, Wednesday etc.

Months, seasons: **w** + Loc.

W styczniu, w lutym, marcu, w kwietniu etc.
IN January, February, March, April etc.
W lecie, w jesieni, w zimie
but na wiosnę
IN summer, autumn, winter, in spring

Na + Acc. translates 'for' denoting intention of spending a certain time (duration):

Jadę do Polski na zimę/lato — I'm going to Poland for the winter/summer

Przyjadę na tydzień/miesiąc — I'll come for a week/a month

It is also used when referring to an appointed time:

Maria zaprosiła nas na sobotę — Mary has invited us for Saturday

To say during or in, meaning in the course of, spring, summer, autumn, winter use the Instrumental (**wiosną, latem, jesienią, zimą**):

Latem było ciepło — It was warm during the summer

Zimą padał deszcz i było zimno — In the winter it rained and it was cold

Names of the months and seasons (like the days of the week) are written with small letters – except when used for feast days, public holidays or events:

Pierwszy Maj 'The First of May', **Wielki Piątek** 'Good Friday', **Warszawska Jesień** 'Warsaw Autumn' (= a festival of contemporary music).

DATES

In dates both number and month are in the Genitive:

Którego jest (mamy) dzisiaj?
What is the date today?

Dwudziestego czwartego maja
  (Of) the 24th of May
Dzisiaj jest środa (mamy
  środę) drugiego lipca
  Today is (we have) Wednesday
  (of) the 2nd of July

Similarly in dates which include the year **rok**:

3rd May 1981 = **trzeciego maja tysiąc dziewięćset osiemdziesiątego pierwszego roku**

Remember: in compounds only the last two numbers are ordinals and, therefore, affected by case.

Dates in letters are commonly written as follows:

Warszawa, 3 maja 1972 r. or simply **3.V.72**

Examples

Kiedy/którego pan przyjechał?
When/what date did you arrive?

Dwudziestego czwartego maja
  ON the 24th of May
W środę drugiego lipca
  ON Wednesday the 2nd of July

Kiedy pani się urodziła?
When were you born?

Urodziłam się w tysiąc
  dziewięćset pięćdziesiątym
  piątym roku/ piątego
  listopada tysiąc
  dziewięćset etc., + G.

I was born in 1955/ on the 5th
of November (of) 1955
But **JAKA jest data pani** The 5th of November 1955
urodzenia? Piątego listopada tysiąc
What's your date of birth? dziewięćset pięćdziesiąty piąty

■ **Exercise 3**

Translate:

Nazywam się Krystyna Maczek. Jestem obywatelką brytyjską i mieszkam w Londynie. Obecnie studiuję w Polsce. Przyjechałam w październiku, dwa miesiące temu. Nie jest to moja pierwsza wizyta. Przez ostatnie lata dosyć często przyjeżdżałam, zwykle latem, podczas wakacji, albo zimą, a raz byłam na wiosnę. W tym roku przyjechałam w jesieni. Mam stypendium na dziesięć miesięcy, od października do lipca przyszłego roku. Czas mija bardzo szybko; za tydzień zaczynają się ferie. Wybieram się na narty do Zakopanego.

stypendium 'scholarship' **ferie** 'school, university
vacation/vac.'

Notice the use of **przyjechać** (Pf.) and **przyjeżdżać** (Impf.):

przyjechałam – I came, arrived
przyjeżdżałam – I used to come

Compare also:

Czy pan często przyjeżdża do Do you often come to Poland?
Polski?
Kiedy pan przyjechał? When did you arrive?
Wyjeżdżamy jutro We're leaving tomorrow
Wyjechaliśmy wczoraj We left yesterday

■ **KLIMAT POLSKI**

Cechą charakterystyczną klimatu polskiego jest różnorodność typów pogody. W Polsce można wyróżnić sześć pór roku: przedwiośnie, wiosna, lato, jesień, przedzimie i zima. Przedwiośnie (marzec) jest najkrótszą porą roku. Jest to okres zimy i wiosny.

Wiosna trwa przez kwiecień i maj; dni są dłuższe, wieją ciepłe wiatry. Lato trwa około trzech miesięcy a najcieplejszym miesiącem jest lipiec. Jesień zaczyna się we wrześniu. Ciepłe dni wczesnej jesieni to tak zwane 'babie lato'. We wrześniu i październiku pogoda jest często łagodna, słoneczna – czasem są upały. Po jesieni jest okres przedzimia, okres chłodny i deszczowy. Potem idzie zima (grudzień, styczeń, luty). Po deszczach pada śnieg. Temperatura opada poniżej zera i zaczynają się mrozy. Najzimniejszym miesiącem jest styczeń (temperatura minimalna od minus 20 do 30 stopni).

The Polish climate

A characteristic feature of the Polish climate is a variety of types of weather. In Poland one can distinguish six seasons of the year: early spring (= pre-spring), spring, summer, autumn, early winter (= pre-winter) and winter. Early spring (March) is the shortest season of the year. It is a period of winter and spring. Spring lasts through April and May; the days are longer, warm winds blow. Summer lasts around three months and the warmest month is July. Autumn begins in September. The warm days of early autumn are the so-called 'Indian summer'. In September and October the weather is often mild, sunny – sometimes there are heat waves. After autumn there is a chilly and rainy period of early winter. Then winter comes (December, January, February). After the rains it snows (the snow falls). The temperature falls below zero and the frosts begin. The coldest month is January (a minimum temperature of (= from) minus 20° to 30°C).

*Note the new vocabulary. By now you should be able to recognise the cases and verb forms. Try to work out the basic dictionary forms of the nouns and the infinitive of the verbs: e.g. **cecha** 'feature'; **typ** 'type'; **trwać** 'to last'.

LESSON EIGHTEEN
(Lekcja osiemnasta)

THE CONDITIONAL (would/should)

The Conditional is formed very simply: to the 3rd person singular
and plural past tense of the verb (e.g. **pisał -a -o**; **pisali -ły**) add the
endings below:

pisać	Masc.	Fem.	Neut.
Sing.	pisał-bym	pisała-bym	
	pisał-byś	pisała-byś	
	pisał-by	pisała-by	pisało-by
Plural	men only	other nouns	
	pisali-byśmy	pisały-byśmy	
	pisali-byście	pisały-byście	
	pisali-by	pisały-by	

Note: The stress remains on the syllable on which it was before the
endings were added: pisáłbym, pisalibyście.

The Conditional endings can be attached to the verb (as above) or
they can precede it: e.g. **ja bym pisał** 'I would write', **co byś chciał
kupić?** 'what would you like to buy?'

Use of the Conditional

In hypothetical conditions (containing or implying an 'if' or 'but'
clause):

Co byś zrobił, gdybyś miał pieniądze?	What would you do if you had money?
Gdybym miał pieniądze, kupiłbym dom	If I had the money I'd buy a house
Gdybym wiedziała, to bym się nie pytała	If I knew I wouldn't be asking

Pomógłbym panu, ale nie mam czasu	I'd help you but I haven't the time

Gdyby (more colloquially **jakby**) 'if' always has the appropriate conditional ending attached to it – **gdybym, jakbym (gdybyś, jakbyś,** etc.) miał pieniądze 'if I (if you, etc.) had the money'. With **gdyby, jakby** the Conditional is used in both clauses.

To express a wish or polite question, request + inf.:

Chciałbym z panem porozmawiać	I'd like to (have a) talk with you
Nie chcielibyśmy tu mieszkać	We wouldn't like to live here
Czy moglibyśmy się spotkać jutro?	Could we meet tomorrow?
Mógłbyś mi pomóc dzisiaj?	Could you help me today?
Wolałbym nie czekać	I would prefer not to wait

Note also the following:

Napiłbym się czegoś	I'd like to (have a) drink (of) something
Napiłbyś się kawy?	Would you like (= drink) a coffee?
Nie, wolałbym piwo	No, I'd prefer a beer

After **żeby** '(in order) to/(so) that' with verbs expressing command, fear, doubt, wish. Notice that the Conditional endings are attached to **żeby**:

Powiedział, żebyście nie czekali	He said that you shouldn't wait
Mówiłem, żebyś tego nie robił	I told you not to do that (=that you shouldn't do that)
Boję się, żebym się nie spóźnił	I'm afraid lest I be late (=that I should not be late)
Chciałbym, żebyś pojechał ze mną	I'd like you to go with me (=that you should go with me)
Najwyższy czas, żebyś poszła do pracy	It's high time you went to work (=that you should go to work)

Dobrze by było, żeby pan przyszedł	It would be good if you were to come (=that you should come)
Nie wierzę, żeby on to powiedział	I don't believe that he would say that

Note also **żeby** + inf.:

Powiedział, żeby nie czekać	He said not to wait
Prosiła, żeby o tym nie mówić	She said not to talk about it
Mówiłem, żeby tego nie robić	I said not to do that

As a polite Imperative in place of the direct command or **proszę** + infinitive. Compare:

Powiedz mi o tym!	Tell me about it!
Proszę powiedzieć mi o tym!	Please tell me about it!
Powiedziałbyś mi o tym!	You might tell me about it!

Similarly:

Dałbyś mi spokój!	You might give me some peace (=Why don't you leave me alone!)
Pomoglibyście mu!	You might (could) help him!
Radziłbym panu tego nie robić	I would advise you not to do that

More examples with the Conditional:

Gdybym tylko wiedział	If only I'd known
Gdyby to tylko było tak łatwe	If only it were so easy
Gdybyście byli, to byście go spotkali	Had you been there then you would have met him
Co by było, gdybym nie przyszedł?	What would happen if I didn't (were not to) come?
Lepiej by było się nie pytać	It would have been better not to ask

Proverb:

Gdyby kózka nie skakała, to by nóżki nie złamała!	Better be safe than sorry (lit. if the little goat had not been jumping then it wouldn't have broken its little leg)

* **kózka** and **nóżka** are diminutives of **koza** 'goat' and **noga** 'leg'.

Note: The Conditional may, depending on the context, refer to the present, past or future as some of the examples have already shown.

Exercise 1

Rewrite the following, using the Conditional, as in the model:

Mam pieniądze. Kupię samochód (=car)
Gdybym miał (-a) pieniądze, kupiłbym (-abym) samochód

1. Mam czas. Pójdę z tobą na kawę.
2. Pan napisał do mnie. Spotkam pana na lotnisku.
3. Znamy francuski. Pojedziemy do Paryża.
4. Wiem o tym. Pomogę ci.
5. (Ty) chcesz. Możemy się spotkać jutro.

JEŚLI 'IF'

Jeśli 'if' introduces a condition which is likely or probable and, therefore, does not require the Conditional:

Jeśli będę miał czas, przyjdę jutro	If I have the time (i.e. I think I will) I'll come tomorrow
Jeśli go zobaczysz, powiedz mu, że czekamy	If you see him (you probably will) tell him that we're waiting
Jeśli jesteś chory, nie idź do pracy	If you're ill (as you seem to be), don't go to work
Jeśli masz pieniądze, to kup sobie dom	If you have the money (and you do) then buy yourself a house

■ Conversation

Pociąg mam za trzydzieści minut. Boję się, żebym się nie spóźniła.	I've got a train in 30 minutes. I'm afraid that (=lest) I'll be late.
– Na twoim miejscu pojechałbym taksówką.	– In your place I'd go by taxi.
Ja też, ale popatrz! Ani jednej nie widać.	Me too, but look! There's not one to be seen.
– Niedziela. Co chcesz?	– It's Sunday. What do you expect (=want)?
Chciałabym zdążyć na pociąg.	I'd like to be on time for my train.
– Mówiłem ci, że jeśli chcesz być na czas, to trzeba wyjść wcześniej.	– I was telling you that if you want to be on time then you have to leave earlier.
O której jest następny pociąg?	What time is the next train?
– Za godzinę, jeśli się nie mylę, ale nie denerwuj się, tu jest taksówka.	– In an hour, if I'm not mistaken, but don't get excited, there's a taxi here.

ALTHOUGH, PROVIDED THAT, IN SO FAR AS, IN SPITE OF

chociaż (choć) mimo, że nawet gdyby	although though even though	o ile (wiem) mimo to (A.)/ tego (G.)	in so far as (I know) in spite of this
pod warunkiem, że	on condition that		

Choć bardzo bym chciał, nie mogę	Although I'd like to very much, I can't
Nawet gdybym mógł	Even if I could
O ile wiem, ona tu nie mieszka	As far as I know she doesn't live here
Pomogę ci pod warunkiem, że ty mnie pomożesz	I'll help you on condition that you help me

WHO/WHATEVER, WHICHEVER, WHERE/WHENEVER

ktokolwiek	anyone, whoever	gdziekolwiek	anywhere, wherever
cokolwiek	anything, whatever		
którykolwiek	any one, whichever one	kiedykolwiek	any time whenever
jakikolwiek	any kind, any how		

Kto, co change for case; **który, jaki** for gender and case; **-kolwiek** does not change:

Ktokolwiek ci powie, gdzie to jest	Anyone will tell you where it is
To nie prawda, cokolwiek byś powiedział	That's not true, whatever you might say
Którą/jaką chcesz gazetę?	Which/what newspaper do you want?
Którąkolwiek	Any one (of these)
Jakąkolwiek	Any kind

The forms with **-kolwiek** can be replaced by **kto, co**, etc., + **bądź** (spelt separately):

Gdzie jedziesz? – Gdzie bądź	Where are you going? – Anywhere (at all)

REFLEXIVE PRONOUNS: siebie (A./G.) sobie (D./L.) sobą (I.)

Reflexive pronouns always refer back to the subject:

Mówię do siebie	I'm talking to myself
Kocha tylko siebie	He loves only himself
Każdy odpowiada za samego siebie	Each one answers (is responsible) for his own self
Zapraszamy pana do siebie na kolację	We invite you to our house (=to ourselves) for supper

Chcę kupić sobie samochód	I want to buy (to) myself a car
Nie przypominam sobie	I don't recall (=to myself)
Czy masz pieniądze przy sobie?	Do you have any money with you (=by you)?

Sobie can also be used for emphasis:

Rób sobie co chcesz!	Do what you will/Do whatever you like!
Idź sobie!	Go!/Go on off! Get going!
Nie wiem, co ze sobą robić	I don't know what to do with myself
Rozmawialiście ze sobą?	Did you talk to (= converse with) each other?
Zamknij drzwi za sobą	Close the door behind you

PEOPLE, FRIENDS

kolega -i	friend	kobieta -y	woman
koleżanka -i		mężczyzna -y	man
przyjaciel -a	a close, dear friend	osoba -y	person
przyjaciółka -i		człowiek -a	man, human being
znajomy -ego	acquaintance, distant friend	ludzie (pl.), ludzi	people
znajoma -ej		facet -a	chap, bloke, guy
		dorosły -a-e	adult (grown up)

The plural of **przyjaciel** is irregular: N. **przyjaciele**, A./G. **przyjaciół**, D. **przyjaciołom**, I. **przyjaciółmi**, L. **przyjaciołach**.

Some examples of usage

przeciętny człowiek/osoba	the average man/person
znajomy z widzenia	a nodding acquaintance (someone known by =from sight)

osoba dorosła	grown-up (=mature person)
tłum/masa ludzi	a crowd/mass of people
serdeczni przyjaciele	bosom friends
to porządny/uczciwy facet	he's a good/honest guy
dziwny/niepewny	strange, odd/dubious character
bardzo sympatyczna kobieta	a very likeable (agreeable, pleasant) woman

POST OFFICE

poczta -y		post office	koperta -y	envelope
list -u		letter	papier -u (do	(writing)
,,	zwykły	ordinary	pisania)	paper
,,	polecony	registered	znacz|ek -ka	stamp
,,	lotniczy	airmail		
,,	ekspres	express	paczka -i	parcel
telegram -u		telegram	pocztówka -i	postcard
,,	zwykły	ordinary	widokówka -i	picture
,,	pilny	urgent		postcard
			listonosz -a	postman
			opłata	postage
			pocztowa	
			skrzynka	(post) box
			(pocztowa)	

nadawać| (-ję,-jesz) /nadać ⎫
  (-am,-asz)   ⎪   to post ⎫
wysyłać (-am,-asz)/wysłać* ⎬ list   to send ⎬ a letter
otrzymywać (-uję,-ujesz)/   ⎪   to receive ⎭
  otrzymać (-am,-asz)   ⎭

wrzucać (-am,-asz)/wrzucić   to drop (lit. throw in) a
  (-ę,-isz) list do skrzynki   letter into the box

*Irreg. future: **wyślę -esz, -e; wyślemy -ecie - ą**

Czy była poczta?	Has the post been?
Proszę o znaczek na list do Anglii	A stamp for a letter to England please
Proszę o dwa znaczki po 6 złotych	Two stamps at 6 zlotys please

LETTER WRITING

When writing formally start with:

Drogi	Droga		
	Panie	Pani	Dear Sir/Madam
Szanowny	Szanowna		

To close friends, family:

Drogi	Droga		
	Adamie	Ewo	Dear Adam/Dear Eve
Kochany	Kochana		

Dziękuję za list/wiadomości/ życzenia	Thank you for your letter/the news/your wishes

To end a letter you can use a variety of expressions:

Z poważaniem	Yours truly (=with regards)
Łączę wyrazy szacunku	Yours sincerely (lit. I enclose expressions of respect)
Serdeczne pozdrowienia (dla)	Best wishes, regards (to)
Proszę pozdrowić (A) Ewę ode mnie	Please give my regards to Eve/ Remember me to Eve
Mocno ściskam i całuję	Much love and kisses

Droga Mario,

Pozdrowienia z Londynu. Pierwszy tydzień mojego pobytu dobiega końca i muszę się przyznać, że przyjemnie mija czas. Znajomi, u których mieszkam są bardzo mili i pomocni pod każdym względem. Pogoda, jak na Anglię, jest bardzo ładna. Dzisiaj zwiedzam katedrę św.Pawła i Tower. Jutro wybieramy się do teatru.

W.P.* Maria Słowik
Warszawa 04-520
ul.Długa 14 m.8
Polska/Poland

Pozdrowienia.
Do zobaczenia w październiku.
Teresa

Warszawa, dnia 2. VI. 1980 r.

Dear Mary,
    Greetings from London. The first week of my stay is coming to an end and I must admit that time is passing very enjoyably. The friends at whose house I'm living (staying) are very pleasant and helpful in every respect. The weather, for England, is very nice. Today I'm visiting St Paul's Cathedral and the Tower. Tomorrow we're planning to go to the theatre.
    Regards. See you in October.
Teresa

Drogi Janie,

Dziękuję za list. Przepraszam, że nie odpisałem wcześniej. Zbliżają się jednak egzaminy i dużo mam pracy. Mam nadzieję, że zdam ale kto wie? Trzymaj kciuki za mnie!
    Jeszcze miesiąc i będą wakacje. W sierpniu muszę być w domu ale lipiec mam wolny. Chciałbym pojechać do Zakopanego, w góry. Czy mógłbym się u Ciebie zatrzymać? Miło by było spędzić lipiec razem, jak w zeszłym roku. Napisz i powiedz czy to jest w ogóle możliwe. A może masz inne plany.
    Serdeczne pozdrowienia,
Antek

*W.P. Wielmożny(a) Pan/Pani is a form used now only in addresses = Mr/ Mrs (Miss).

Warsaw, 2.6.1980

Dear John,

Thank you for your letter. I'm sorry that I didn't write back (=reply) earlier. The examinations are approaching, however, and I've got a lot of work. I hope that I'll pass but who knows. Keep your fingers crossed!

Another month and it will be the vacation. In August I have to be at home but July is free. I'd like to go to Zakopane, to the mountains. Could I stay (=stop) with you (=at your place)? It would be nice to spend July together like last year. Write and tell me whether this is at all possible. Perhaps you've got other plans.

Best wishes,

Antek

VOCATIVE CASE

The Vocative case is the form of nouns used when addressing people, as in letters:

Feminine nouns take the ending -o:

Droga Mario, Ewo, Elżbieto/Droga mamo 'Dear Mum' *but* **Droga Pani** 'Dear Madam'

Masculine nouns take the same endings as for the Locative:

Drogi Janie, Antku, Piotrze *but* **Drogi ojcze** 'Dear Father', **Drogi tato** 'Dear Dad', **Drogi Panie** 'Dear Sir'

These are special forms. In everyday conversational Polish friends very often use the Nominative:

Cześć Maria, Edward; Dzień dobry Ewa, Antek *but note*:

Dzień dobry Panie Profesorze/Pani Mario (Voc.) and **Dzień dobry panu/pani** (Dat.) 'Good morning to you'.

LESSON NINETEEN
(Lekcja dziewiętnasta)

PARTICIPLES

Participles are forms of the verb. They can be adverbial or adjectival. Adverbial participles are indeclinable. Adjectival participles, like all adjectives, agree with the noun to which they refer.

ADVERBIAL PARTICIPLES

Present: -ąc '-ing'

The present participle is formed from the 3rd person plural present tense (Imperfective verbs):

czekać	(czekają)	– czekając	'waiting'
mówić	(mówią)	– mówiąc	'saying'
myśleć	(myślą)	– myśląc	'thinking'
iść	(idą)	– idąc	'going'
jechać	(jadą)	– jadąc	'going'
but być	(fut. będą)	– będąc	'being'

The present participle describes an action taking place at the same time (present, past, future) as something else. It corresponds to a clause introduced in English by 'as, when, while -ing':

Idąc ulicą, spotkałem Piotra	Walking along the street I met Peter (while, as I was . . . I met Peter)
Mówiąc to, pocałowała mnie	Saying this she kissed me

Past: -wszy/-łszy 'having done, after -ing'

The past participle is formed from Perfective verbs by removing the past tense endings and adding -wszy (after a vowel) or -łszy (after a consonant):

napisać (napisałem) – napisawszy; powiedzieć (powiedziałem) – powiedziawszy;
przyjść (przyszedłem) – przyszedłszy; wyjść (wyszedłem) – wyszedłszy

The past participle describes an action which took place before that of the main verb:

Napisawszy list, poszedł na pocztę	Having written the letter, he went to the post office
Przyszedłszy do domu, umyłem się	After coming home I washed myself

Sentences of this type are very rare in the spoken language; even literature uses them far more sparingly than in the past. Modern written and spoken Polish prefers to replace the past participle by the simple past tense of the verb or by a clause introduced by **kiedy/gdy** 'when':

Napisawszy list, poszedł na pocztę = Napisał list i poszedł na pocztę
He wrote a letter and went to the post office   *or*
Kiedy/gdy napisał list poszedł na pocztę
When he had written the letter he went to the post office

NOTE: An adverbial participle can only be used when the subject of the two verbs is the same:

'As I was walking along the street I met Peter'

It cannot be used when the two subjects are different. The sentence

'When **he** was reading the newspaper **the telephone** rang'
must be rendered by a clause, or by two sentences:

Gdy czytał gazetę telefon zadzwonił *or*
Czytał gazetę. Telefon zadzwonił

The version: **Czytając gazetę, telefon zadzwonił** means in effect that the telephone rang as it was reading. This unconscious humour should be avoided.

Participles are often used to translate such expressions as 'not knowing what to do, say' or 'without doing, saying anything':

Nie wiedząc co robić wyszedł	Not knowing what to do he went out
Czekała nic nie mówiąc	She waited without (not) saying anything

They also appear in several common expressions:

krótko mówiąc	briefly, in short	mówiąc między nami	between us, in strict confidence
prawdę mówiąc	to tell the truth	biorąc wszystko pod uwagę	taking everything into account
właściwie mówiąc	as a matter of fact, in fact, really	(uwaga -i	remark, observation, comment)

But notice
Uwaga! Beware!
Uwaga!   Zły pies   Beware of the dog!

Exercise 1

Translate:

1. As I was getting on the bus I remembered that I had no money.
2. Having finished work I went home.
3. As she was saying this the postman came.
4. We waited not knowing whether you (sing. formal) would come.
5. I did this thinking of you (sing. casual).

VERBS OLD AND NEW

Unless otherwise required conjugation patterns are identified by 1st and 2nd person singular present tense (future of Perfective verb); 1st person singular and 3rd person plural past tense. Perfective verbs are indicated.*

To sit – lie – stand – get up

siedzieć **posiedzieć*** }	sit, be sitting	siedzę -isz; siedziałem (-am), siedzieli/siedziały as above
siadać **siąść*** }	sit down	siadam -asz; siadałem (-am), siadali/ siadały siądę, siądziesz; siadłem (-am), siedli/siadły
leżeć **poleżeć*** }	lie	leżę -ysz; leżałem (-am), leżeli/leżały as above
kłaść się **położyć się*** }	lie down	kładę, kładziesz; kładłem (-am), kładli/kładły się położę -ysz; położyłem (-am), położyli/położyły się
stać **postać*** }	stand, be standing	stoję, stoisz; stałem (-am), stali/stały as above
stawać **stanąć*** }	stop, halt	staję -esz; stawałem (-am), stawali/stawały stanę -niesz; stanąłem (-nęłam), stanęli/stanęły
wstawać **wstać*** }	stand up, get up	wstaję -esz; wstawałem (-am), wstawali/wstawały wystanę -niesz; wstałem (-am), wstali/wstały

Note on pronunciation: Before **l ą = o, ę = e stanąłem** (stanОł-
em), **stanęłam** (stanЕłam)

Położyć się 'to lie down' but **położyć** 'to place, put'.

Stoję i czekam	I'm standing and waiting
Proszę tam stanąć	Please (go and) stand over there
Pociąg staje/stanął	The train is stopping/stopped
Wstałem dzisiaj wcześnie	I got up early today
Muszę się położyć	I must lie down
Gdzie to położyłeś?	Where did you put it?

To look – see – listen – hear – feel

patrzyć (się) popatrzyć (się)*	} look	patrzę -ysz; patrzyłem (-am), patrzyli/patrzyły as above

widzieć (się)
zobaczyć*
(się)
	} see (see one
	another)
		widzę -isz; widziałem (-am),
		  widzieli/widziały
		zobaczę -ysz; zobaczyłem (-am),
		  zobaczyii/zobaczyły

słuchać posłuchać*	} listen	słucham -asz; słuchałem (-am), słuchali/słuchały as above
słyszeć usłyszeć*	} hear	słyszę -ysz; słyszałem (-am), słyszeli/słyszały as above
czuć (się) poczuć (się)*	} feel	czuję -esz; czułem (-am), czuli/ czuły (się) as above

Dlaczego nie posłuchałeś
  mnie?
	Why didn't you listen to me?
	  (i.e. to what I told you)

Kiedy się zobaczymy?	When shall we see each other?
Czuję, że on nie przyjdzie	I feel he won't come
Nagle poczułem się źle	I suddenly felt unwell
Wszyscy się patrzą na ciebie	Everyone is looking at you

To laugh – smile – cry – despair – be angry

śmiać się zaśmiać się*	} laugh	śmieję -esz; śmiałem (-am), śmieli/śmiały się as above

uśmiechać się
uśmiechnąć się*
	} smile	uśmiecham -asz; uśmiechałem
		  (-am), uśmiechali/uśmiechały się
		uśmiechnę -niesz; uśmiechnąłem
		  (-ęłam), uśmiechnęli/uśmiechnęły się

*patrzyć, popatrzyć can be used with or without się: **Popatrz tam** 'Look (take a look) over there'

płakać **zapłakać*** }	cry	płaczę -esz; płakałem (-am), płakali/płakały as above
rozpaczać	despair	rozpaczam -asz; rozpaczałem (-am), rozpaczali/rozpaczały
złościć się	be angry, fume	złoszczę, złościsz; złościłem (-am), złościli/złościły się

Zaśmiać się, zapłakać can also be used to mean 'break into a laugh' and 'break into tears'.

Proszę się nie śmiać **z niego**	Please don't laugh at him (lit. from him)
Zaśmiał się i wyszedł	He laughed and left
Uśmiechnęła się **do mnie**	She smiled at (=to) me/She gave me a smile
Płakał **z radości**	He cried of (=from) joy
Po co się złościsz?	What are you angry for?

To visit – greet – bid farewell

zwiedzać **zwiedzić*** }	visit, tour (a town, country)	zwiedzam -asz; zwiedzałem (-am), zwiedzali/zwiedzały zwiedzę -isz; zwiedziłem (-am), zwiedzili/zwiedziły
odwiedzać **odwiedzić*** }	visit (people)	as above
witać **przywitać*** }	greet, welcome	witam -asz; witałem (-am), witali/witały as above
przedstawiać **(się)** **przedstawić (się)*** }	introduce (oneself)	przedstawiam -asz; przedstawia- łem (-am), przedstawiali/-ły przedstawię -isz; przedstawiłem (-am), przedstawili/-ły (się)
żegnać się **pożegnać się*** }	bid farewell, say goodbye	żegnam -asz; żegnałem (-am), żegnali/żegnały się as above

W tym roku zwiedziliśmy Europę	This year we toured Europe
Odwiedzę pana jutro	I'll visit you tomorrow
Na lotnisku przywitał nas sam premier	The prime minister himself greeted us at the airport
Czas leci, musimy się pożegnać	Time flies, we must say goodbye
Chciałbym się przedstawić. Jestem . . .	I'd like to introduce myself. I'm . . .

Note also: **Witam!** 'Greetings!/Hello!' **Żegnam!** 'Farewell!/Goodbye!' To pay a formal visit is **złożyć wizytę.**

To be born – live – die

rodzić się **urodzić się*** }	be born	rodzę -isz; rodziłem (-am), rodzili/rodziły się as above
żyć	live	żyję -esz; żyłem (-am), żyli/żyły
umierać **umrzeć*** }	die	umieram-asz; umierałem (-am), umierali/umierały umrę, umrzesz; umarłem (-am), umarli/umarły

Urodził się, żył i umarł *or* zmarł	He was born, lived and died (from **zemrzeć**, and commonly used)

The living and the dead are translated by the adjectives **żywy** 'live, alive' meaning also 'lively, vivacious' and **umarły** 'dead':

umarły/umarła	the dead, the deceased man/woman
żywy język	living language
żywi i umarli	the living and the dead
żywa osoba	a vivacious, lively person

To lose – find

gubić zgubić*	} lose	gubię -isz; gubiłem (-am), gubili/gubiły as above
znajdować znaleźć*	} find	znajduję-esz; znajdowałem (-am), znajdowali/znajdowały znajdę, znajdziesz; znalazłem (-am), znaleźli/znalazły

The reflexive **(z)gubić się** = to lose oneself, lose one's way;
znajdować/znaleźć się = to find oneself ALSO to be situated or
simply to be (when talking of location):

Zgubiłem parasol	I've lost my umbrella
Znalazłem psa	I've found a dog
Hotel znajduje się niedaleko	The hotel is not far

VERBS WITH THE PREFIX po-

Verbs with the prefix **po-** (added to form the Perfective) can often
imply or denote 'for a while'; this, however, is still regarded as a
single action:

poczekać	wait awhile
pomyśleć	think about it, give it some thought
poleżeć	to lie awhile
popracować	to work for a while, do a bit of work
posiedzieć	sit for a while
porozmawiać	to talk awhile
posłuchać	listen, (just) listen awhile

NOUNS RELATED TO VERBS

The following nouns are all related to the verbs above:

siedzenie -a	seat	leżak -a	deck-chair
słuch -u	hearing	stacja -i	station
czucie -a	feeling	słuchacz -a	listener
śmiech -u	laughter	życie -a	life
uśmiech -u	smile	zguba -y	loss

płacz -u	crying	położenie -a	situation;
złość -ci	anger		position
rozpacz -y	despair	poczekalnia -ni	waiting-room
widz -a	spectator, viewer	pomysł -u	idea, thought
urodziny (pl.)	birthday		
rodzice (pl.), -ów	parents		

Exercise 2

Translate:
1. How are you (sing. formal) feeling?
2. Why is your sister angry?
3. I'm tired, I must sit down.
4. I've never laughed so much in my life.
5. We're always getting lost.
6. When did he die?
7. She smiled when she saw that you (pl. casual) were here.
8. Let us not despair!
9. We'll see what happens (what will be).
10. I'm sorry but I still have to do a bit of work.

■ **Translation**

Cały tydzień po powrocie ze Strykowa, aż do powrotu Basi, Edek spędzał bardzo głupio. Właściwie mówiąc, sam nie wiedział, co robił. Spał albo leżał na łóżku ubrany, udając, że czyta. Na obiad wcale nie schodził, choć go Kołdusia wołała, a nawet sama wdrapała się do niego na górę i zasapana usiadła u niego na łóżku.
– Cóż ci jest? Choryś? – pytała.
Edek odpowiedział niewyraźnym mruknięciem.
– Za mało cię ojciec prał . . . – zrobiła uwagę Kołdusia filozoficznym tonem.
Edek bez słowa kopnął nogą w ścianę, koło której leżał.
– Nie złość się, nie złość się – dodała kucharka z trudnością wstając i obracając się ku drzwiom – złość piękności szkodzi.
Stanęła jeszcze w drzwiach i patrząc z ubolewaniem na chłopaka pokiwała głową. Edek odwrócił się do ściany i nie patrzył na nią.

– No, przyjdziesz na obiad? – powiedziała trochę łagodniejszym tonem.

Nie odpowiedział.

– Jak chcesz – powiedziała stara znowu poprzednim groźnym tonem – nie chcesz jeść, to nie jedz. Zdychaj sobie z głodu – mnie tam co?

J. Iwaszkiewicz (1894–1980). One of the most prominent Polish writers this century. From the short story: 'Dziewczyna i gołębie' ('The Girl and the Pigeons')

The translation is kept fairly literal to help you follow the original:

The whole week after the return from Stryków, until Basia's return, Edek spent very stupidly (=in a very silly way). Indeed he didn't know himself what he was doing. He slept or lay dressed on the bed, pretending (that) he was reading. He didn't come down at all to dinner, although Kołdusia called him and even herself clambered up to him upstairs and panting sat down on the bed in his room (=at his place).

– What's the matter with you? Are you ill? – she asked.

Edek answered in (with) an indistinct mumble.

– Your father didn't thrash you enough (=thrashed you too little) . . . – Kołdusia observed in a philosophical tone.

Edek without a word kicked (with) his foot against (=into) the wall, by which he was lying.

– Don't be vexed (Don't fret and fume) – added the cook getting up with difficulty and turning towards the door – anger impairs beauty.

She stopped (= yet, still), in the door(way) and looked pityingly (=with sorrow, compassion) at the lad she shook her head. Edek turned (away) to the wall and didn't look at her.

– So are you going to come to dinner? – she said in (=with) a slightly gentler tone.

He didn't answer.

– As you will (=want) – said the old woman in (=with) once again her previous severe tone – If you don't want to eat, then don't eat. Starve to death (=from hunger) – what's it to me?

Some new words

udawać (udaję, -esz)/udać (-am, -asz)	to pretend	aż do choryś? =chory jesteś?	until, right up to are you ill?
wołać/zawołać (-am, -asz)	to call (out)	ku = w stronę	towards, in direction of
obracać (-am, -asz)/obrócić (-ę,-isz) się	to turn (to)	kucharz -a kucharka -i	cook (m.) cook (f.)
odwracać/ odwrócić się	to turn away		
prać (piorę, pierzesz)/wyprać	to beat, thrash; lit. = wash clothes		
wdrapywać (-uję -ujesz)/wdrapać (-iesz) się	to clamber (up to, on to)		

iść/wyjść na górę	to go upstairs
iść/zejść na dół	downstairs

zdychać 'to die' is normally used only about animals. Otherwise it can be offensive, except in one or two colloquial expressions: e.g. zdychać z głodu/z nudów 'to die of hunger/boredom'

Note: The use of the Imperfective past as a tense of past description (to describe what was happening over a period of time – here a week). Note also the Instrumental in expressions denoting manner in which (lit. 'with which') something was done:

odpowiedział niewyraźnym mruknięciem; filozoficznym/łagodniej-szym/groźnym tonem; patrząc z ubolewaniem AND the means with which it was done: **pokiwał głową; kopać/kopnąć nogą w ścianę.**

Głupio (adv.), **głupi** (adj.) are used in several common expressions:

głupio mówisz 'you're talking nonsene', **głupio wyglądasz** 'you look stupid', **głupio zrobiłeś** 'that was a silly thing to do', **nie bądź taki głupi** 'don't be such a fool', **głupi jesteś** 'you're an idiot'.

The opposite is: **mądrze** (adv.) **mądry** (adj.) 'cleverly'/'clever', **inteligentnie** (adv.), **inteligentny** (adj.) 'intelligent(ly)':

To bardzo mądry/inteligentny
człowiek

That's a very clever/intelligent
man

Nie bądź taka mądra!

Don't be so clever (so full of
yourself)!

Mądrze byś zrobił, gdybyś tego
nie mówił

You'd be well advised not to say
that (=if you were not to say
that)

WORD ORDER

Word order can be and is very fluid in Polish. The endings of words
identify exactly their role in a sentence. Order is commonly determined by needs of emphasis (prominent word first or last), style
and balance. Writers have their individual styles and Polish like
other languages has its own sense of balance and rhythm. This
(sometimes predictable sometimes subjective) goes beyond the
scope of this book and takes us into stylistics.

LESSON TWENTY
(Lekcja dwudziesta)

ADJECTIVAL PARTICIPLES

Present: -ący -a -e Pl. -ący (men) -ące (other nouns)

The present adjectival participle is formed like the present adverbial but with the addition of adjectival endings:

czekając	– czekający -a -e	idąc	– idący -a -e
mówiąc	– mówiący -a -e	jadąc	– jadący -a -e
myśląc	– myślący -a -e	będąc	– będący -a -e

Adjectival participles agree with the nouns to which they refer:

Człowiek czekający na pociąg

The man waiting for the train

Słyszałam kobietę mówiącą po
polsku

I heard a woman speaking
Polish

Myślącego człowieka   Of the thinking man

An adjectival participle may replace, or (particularly in colloquial Polish) be replaced by a relative clause introduced by **który -a-e** 'who, which':

Człowiek czekający = który   The man waiting = who is
czeka   waiting
Kobieta mówiąca = która   The woman speaking = who is
mówi   speaking

Similarly, in expressions such as 'I saw him doing it'/'I heard her crying' it is better to avoid a participle and use the following construction with **jak**:

Widziałem jak on to robił   I saw him doing it
Słyszałem jak ona płakała   I heard her crying

Passive adjectival participles

Passive participles can be formed from Imperfective verbs to form the present passive e.g. 'the letter being written'. They are, however, far more commonly formed from Perfective verbs (to form the past passive e.g. 'the written letter') and only these are given below:
Verbs ending in -ać/-eć
-any -ana -ane pl. **-ani; -ane**

napisać	– napisany	written
przeczytać	– przeczytany	read
ubrać (się)	– ubrany	dressed
zapomnieć	– zapomniany	forgotten
złamać	– złamany	broken (e.g. leg)

Verbs in -ić/-yć and -ść/-źć
-ony -ona -one pl. **-eni; -one**

kupić	– kupiony	bought
zaprosić	– zaproszony	invited
urodzić się	– urodzony	born
zgubić	– zgubiony	lost
skończyć	– skończony	finished
znaleźć	– znaleziony	found
skraść	– skradziony	stolen

Verbs ending in -(n)ąć
-ięty -ięta -ięte pl. -ięci; -ięte

zacząć	– zaczęty	begun
zająć	– zajęty	occupied; busy
zamknąć	– zamknięty	closed

Irregular

otworzyć*   – otwarty   open(ed)

*otwierać/otworzyć   to open
zamykać/ zamknąć   to close

Similarly: verbs in -ić/-yć/-uć which have **j** in their conjugation
(**umyć – umyję**)

umyć (się)	– umyty	washed
zabić	– zabity	killed
zepsuć	– zepsuty	broken, out of order

Many passive participles are used as ordinary adjectives:

Sklep jest otwarty/ zamknięty	The shop is open/closed
Ona jest zawsze uśmiechnięta	She's always smiling
Zapomniane kraje	Forgotten countries
Pociąg jest opóźniony	The train is late
Wstęp wzbroniony	Entrance forbidden
Parking strzeżony	Supervised car park

ADVERBIAL AND ADJECTIVAL PARTICIPLES CONTRASTED

Adv.: Siedział czytając gazetę	He was sitting reading a newspaper
Adj.: Siedzący człowiek czytał	The man sitting (the sitting man) was reading
Adv.: Idąc ulicą spotkałem Piotra	Walking along the street I met Peter
Adj.: Spotkałem Piotra idącego ulicą	I met Peter (who was) walking along the street

RELATIVE CLAUSES WITH który

Który -a -e is adjectival and agrees with the noun to which it refers:

Dom, **w którym** mieszkam	The house in which I live
Czasy, **w których** żyjemy	The times in which we live
Spotkałem kolegę, **którego** dawno nie widziałem	I met a friend whom I hadn't seen for a long time
Czy znasz tę panią, **z którą** on rozmawia?	Do you know that lady with whom he's speaking?
To są pytania, **na które** nie mogę odpowiedzieć	These are questions to (=on) which I cannot answer
Czy wiesz, **na którym** oni mieszkają piętrze?	Do you know which floor they live on?
To jest koleżanka, **o której** ci mówiłam	This is the friend about whom I was telling you

Exercise 1

Translate:

1. A working woman never has time.
2. I saw him going home.
3. Do you know that guy reading the newspaper?
4. Do you know which hotel he's staying (= living) at?
5. The letters are written.
6. The telephone is out of order.
7. Is she dressed?
8. Why is the room locked (= closed)?
9. She found the stolen money.
10. Do you remember which country they've gone to?

PASSIVE VOICE

The passive voice is formed with **być** + past participle passive (which agrees with the subject):

To miejsce jest zajęte	This seat is taken (is being occupied)

Praca będzie skończona jutro	The work will be finished tomorrow
To musi być zrobione dzisiaj	This must be done today
Wszystko było zamknięte	Everything was (had been) closed

Note also:

Jestem umówiony* z Marią	I've a date with (arranged to meet) Maria
Zawsze jesteście mile widziani	You're always welcome
Jesteśmy zaproszone na kolację	We (females) are invited to dinner
Nie byłam na to przygotowana	I didn't bargain (wasn't prepared) for that
Byłbym ci bardzo zobowiązany	I'd be most grateful (indebted) to you
Tak jest tu napisane	That's what it says (what is written) here
*umawiać/umówić się	make a date, appointment, arrange to meet/see
Umówiłem się z nim na środę	I've arranged to see him/made an appointment to see him on Wednesday

Reflexive verbs may convey a passive sense, particularly in sentences without an explicit subject:

Jak on się nazywa?	What is he called? What's his name?
Tak się nie mówi	That's not how it's said/ how you say it
W domu mówi się tylko po polsku	Only Polish is spoken at home
Dużo się pisze o tym, a nic się nie robi	A lot is written about this, but nothing is done
Często się słyszało, że ...	You/one often heard (it said) that

Passive participles can also produce forms in **-o**. Here are some examples:

Mówiono/powiedziano mi, że jesteś chory	I was told that you were ill (It was being/was told to me that you were ill)
Poproszono nas, żebyśmy przyszli	We were asked (requested) to come
Zapomniano o tym	This was forgotten about
Zabito kilka milionów ludzi	Several million people were killed

The passive voice can also be formed with **zostać** (Pf.) – this is used only with other Perfective verbs. **Zostać** emphasises the completion of an action (what was, will be done/had happened or will happen). Its future is irregular: **zostanę -iesz**, etc.

Ameryka została odkryta w roku 1492	America was discovered in the year 1492
Ceny zostaną podniesione	Prices will be raised
Córka została przyjęta na uniwersytet	My daughter's been accepted for university

Notice the difference between a state and an action:

state	**action**
sklep był otwarty the shop was open	**sklep został otwarty** the shop was opened
drzwi były zamknięte the door was closed (=that's how I found it)	**drzwi zostały zamknięte** the door was closed (= someone closed it)
będziesz sam you'll be alone	**zostaniesz sam** you'll be left alone

Similarly:

byłem/będę prezydentem I was/will be the president	**zostałem/zostanę prezydentem** I became/will become the president

Zostać can be used as an independent verb meaning 'to remain, stay, be left':

Niech to zostanie między nami	Let this be (= remain) between us
Mąż został w domu	My husband stayed/has stayed at home
Zostałam sama	I've been left alone
Ile ci zostało pieniędzy?	How much money have you left (= is left to you)?
Nic mi nie zostało	I've nothing left

IT'S BECOMING, GETTING

robić się/zrobić się
stawać się/stać się } to become, get

Robi się/staje się zimno, ciemno	It's getting cold, dark
On robi się/staje się coraz gorszy	He's getting worse all the time (= more and more)
Zaczyna się robić ciepło	It's beginning to get warm
Zrobiło się/stało się lepiej	It became, got better

TO HAPPEN

The verbs 'to happen, occur, take place' are used in the 3rd. pers. only (neuter, impersonal form):

dziać się Impf.	Present	dzieje się, dzieją się;
	Past	działo się, działy się
	Future	będzie się działo, będą się działy
stać się Pf.	Future	stanie się, staną się;
	Past	stało się, stały się
zdarzać się Impf.	Present	zdarza się, zdarzają się;
	Past	zdarzało się, zdarzały się
zdarzyć się Pf.	Future	zdarzy się, zdarzą się;
	Past	zdarzyło się, zdarzyły się

Co się stało/stanie?	What's happened/will happen?
Co się tam dzieje?	What's going on there?
To się zdarza	This (these things) happen

Tak się zdarzyło, że nie byłem   It so happened that I was not
   w domu   at home
Niech się dzieje wola Boska!   Let God's will be done!

Remember: What is going on = Imperfective
                What has happened, occurred = Perfective

VERBS ENDING IN -nąć

The suffix **-nąć** is characteristic of some Perfective verbs:

Impf.	Pf.	
kopać	– kopnąć	kick
zamykać	– zamknąć	close
stawać	– stanąć	stop, halt
uśmiechać się	– uśmiechnąć się	smile, give a smile
sięgać	– sięgnąć (po + A.)	reach (for)
mijać	– minąć	pass, go past
wysuwać	– wysunąć	pull out
rozpinać	– rozepnąć	unbutton, undo
klękać	– klęknąć	kneel, kneel down

Future: -nę -niesz -nie; -niemy -niecie -ną
Past: -nąłem (-nęłam) -nąłeś (-nęłaś) -nął (-nęła); -nęliśmy
      (-nęłyśmy) -nęliście (-nęłyści) -nęli (-nęły)

But:

biec *or* biegnąć (Impf.)   run   Present: biegnę, biegniesz;
pobiec *or* pobiegnąć (Pf.)   Past: biegłem(-am)
                                      Future: pobiegnę, -niesz;
                                      Past: pobiegłem (-am)

The two forms of the verb 'to run' conjugate in the same way, and are completely interchangeable.

GOVERNMENT/ADMINISTRATION

rząd -u	government	gabinet -u	cabinet
partia -i	party	minist|er -ra	minister
komitet -u	committee	pos|eł-ła	deputy; M.P.
ministerstwo -a	ministry	Izba Gmin/	House of
konstytucja -i	constitution	Lordów	Commons/
prawo -a	law		Lords
rada -y	council	Minister Spraw	Minister of
,, miejska -iej	town council		Foreign
,, Państwa	Council of	Zagranicznych	Affairs
	State	,, ,,	Minister of
parlament -u	parliament	Wewnętrznych	Internal
Sejm -u	Sejm (Polish		Affairs
	parliament)	,, Finansów	Minister of
senat -u	senate		Finance
wyb|ór -oru,	choice;	województwo -a	voivodship,
pl. wybory -ów	election(s)		province
polityk -a	politician		(largest
prezydent -a	president		administra-
kanclerz -a	chancellor		tive unit in
premier -a	premier, prime		Poland)
	minister	hrabstwo -a	county

Rzeczpospolita Polska (G. Rzeczypospolitej Polskiej) The Republic
of Poland
Partia Konserwatystów/Laburzystów/Liberałów
The Conservative/Labour/Liberal Party (= of the Conservatives
etc.,)
Konserwatyści/Laburzyści/Liberałowie
  The Conservatives/Labourites/Liberals

wygrać/przegrać wybory	to win/lose the election(s)
być/zostać wybranym do. . .	to be/get elected to. . .
system parlamentarny	the parliamentary system
przodująca rola partii	the leading role of the party

POINTS OF THE COMPASS

wsch|ód -odu	east	na wschodzie	in the east
		na wschód (od)	to the east (of)
zach|ód -odu	west	na zachodzie	in the west
		na zachód(od)	to the west (of)
północ -y	north	na północy	in the north
		na północ (od)	to the north (of)
południe -a	south	ńa południu	in the south
		na południe (od)	to the south (of)

Adjectives: **wschodni – zachodni – północny – południowy**
Europa Wschodnia/Zachodnia 'Eastern/Western Europe'
Ameryka Północna/Południowa 'Northern/Southern America'

■ **Translation**

Chcę być koniem
Mój Boże, jak bardzo chciałbym być koniem. . .
   Gdybym tylko zobaczył w lustrze, że zamiast nóg i rąk mam
kopyta; z tyłu ogon i autentyczną końską głowę – natychmiast udał-
bym się do urzędu mieszkaniowego. – Proszę o nowoczesne, duże
mieszkanie – powiedziałbym.
   – Niech pan złoży podanie i czeka na swoją kolej.
   – Ha ha! – zaśmiałbym się. – Czy panowie nie widzą, że nie
jestem zwyczajnym, takim sobie, szarym człowiekiem? Ja jestem
kimś innym, kimś ekstra!
   I zaraz otrzymałbym nowoczesne, duże mieszkanie z łazienką.
   Występowałbym w kabarecie i nikt by nie mógł powiedzieć, że
jestem niezdolny. Nawet wtedy, gdyby moje teksty były niedobre.
Przeciwnie.

- Jak na konia, to znakomite - chwalono by mnie.
- Ten ma łeb - mówiliby inni.
- Nie mówię już o korzyściach, jakie wyciągnąłbym z przysłów i porzekadeł: końskie zdrowie, uśmiać się jak koń, koń ma cztery nogi i też się potknie. . .
Oczywiście, bycie koniem miałoby pewne strony ujemne. Moim wrogom dałbym nową broń do ręki. Pisząc do mnie anonimy, zaczynaliby w ten sposób: ,,Pan jest koń? Pan jest kucyk!''
Kobiety interesowałyby się mną. - Pan jest taki inny. . . - mówiłyby.
Idąc do nieba otrzymałbym, siłą faktu, skrzydła. Stałbym się wtedy pegazem. Skrzydlaty koń! Czy może być coś piękniejszego dla człowieka?

S. Mrożek (1930–). A short story.

I Want to be a Horse
My God, how I'd (very much) like to be a horse. . .
If only I saw in the mirror, that instead of feet and hands I had (= have) hooves, a tail at (= from) the back and a real (= authentic) horse's head - I would immediately make for the housing bureau. 'A modern, large flat please' - I would say.
'Please submit an application and await your turn'.
'Ha, ha!' - I'd laugh. 'Don't you gentlemen see that I'm not just your ordinary man in the street (=grey man)? I'm someone different (= someone else), someone special (= extra)!
And straight away I'd get (= obtain, receive) a modern, large flat with a bathroom.
I'd appear (perform) in cabaret and no one would be able to say that I was (= am) untalented (= incapable, unfit). Not even if my material (= texts) was no good. On the contrary.
'For a horse, it's excellent' - I'd be praised.
'That one's got brains (= a head)' - others would say.
I say nothing of the benefits which I'd derive from proverbs and sayings: a horse's health (= an iron constitution), to laugh like a horse, its a good horse that never stumbles (= a horse has four legs and will also stumble). . .
Of course, being a horse would have its disadvantages (= negative sides). I would give my enemies a new weapon (to their hands). Writing anonymous letters to me they would begin in this

manner: 'You a horse? You're (just) a nag!'

Women would be interested in me. 'You are so different. . .' – they would say.

Going to heaven I'd receive, naturally (= on the strength of the fact) some wings. I would become a pegasus. A winged horse! Can there be anything finer (= more beautiful) for a man (human being)?

* The translation, as in the previous lesson, has been kept fairly literal to help you follow the original. A good English translation, clearly, would avoid the rather stilted and disjointed style of this rendering.

Selected vocabulary

lustro -a	mirror	łeb, łbu	head (of an animal)
kopyto -a	hoof		
ogon -a	tail	korzyść -ci	benefit
koński (adj.)	horse	ujemny (adj.)	negative, unfavourable
urząd, urzędu	bureau, office		
nowoczesny (adj.)	modern	wróg, wroga	enemy
		broń -ni	weapon, arm
kolej -i	turn; *also* railway	spos|ób -obu	manner, means
		siła -y	strength
szary (adj.)	grey, dull	fakt -u	fact
zwyczajny (adj.)	normal, ordinary	skrzydło -a	wing
		strona -y	side; page
kabaret -u	cabaret	mieszkaniowy (adj.)	housing
niezdolny (adj.)	unfit, incapable		
		chwalić (-ę, -isz) (Impf.)	to praise
tekst -u	text		
udawać (-ję, -esz) się/udać (-am, -asz) się do +G.	make for; make one's way to; go and see	składać (-am, -asz)/złożyć (-ę,-ysz)	to compose, put together

składać/złożyć podanie	to make, submit an application	przeciwnie (adv.)	on the contrary
wyciągać (-am, -asz)/wyciągnąć (-nę, -niesz)	to pull out, extract	znakomity (adj.)	excellent, superb
wyciągnąć korzyść	to derive, gain a benefit	szary człowiek	average man, man in the street
potykać (-am, -asz)/potknąć (-nę, -niesz) się	to stumble, trip	siłą (I.) faktu (G.)	naturally = on the strength of the fact, by the very reason of
		z tyłu	at/from the back
		też(także)	also

■ **Miłość**

Nie widziałam cię już od miesiąca.
I nic. Jestem może bledsza,
trochę śpiąca, trochę bardziej milcząca,
lecz widać można żyć bez powietrza.

Maria Pawlikowska-Jasnorzewska (1893–1945)

Love

I haven't seen you for a month.
And nothing. I'm perhaps (a little) paler,
a little sleepy, a little more quiet
but it seems one can live without air.

PART THREE

READING PASSAGES, GRAMMAR REFERENCE AND VOCABULARY

■ READING PASSAGES AND TRANSLATIONS*

Polski Hymn Narodowy

Jeszcze polska nie zginęła,
Póki my żyjemy.
Co nam obca przemoc wzięła,
Szablą odbierzemy.

Marsz, marsz Dąbrowski,
Z ziemi włoskiej do Polski.
Za twoim przewodem,
Złączym** się z narodem.

Przejdziem** Wisłę,
    przejdziem Wartę,
Będziem** Polakami.
Dał nam przykład Bonaparte,
Jak zwyciężać mamy.

Marsz, marsz. . . .

Polish National Anthem

Poland is not yet lost,
While we live.
What foreign force has taken
    from us,
We shall take back with the
    sword.

March, march Dąbrowski,
From the Italian land to Poland.
Under your leadership,
We shall unite with the nation.

We shall cross the Vistula, we
    shall cross the Warta,
We shall be Poles.
Bonaparte has given us the
    example,
Of how we are to conquer.

March, march. . . .

Written in 1797 by Józef Wybicki in Italy where General Dąbrowski was forming Polish Legions in the service of France. The legionnaires hoped that marching with Napoleon, they would soon pass from Italy into the then partitioned Poland to fight for its independence. Their song was officially recognised as the national anthem in 1926.

* The translations are not to be taken as models. In many cases style has been sacrificed to give a rendering as close as possible to the original.
**złączym się, przejdziem, będziem = złączymy się, przejdziemy, będziemy.

Polska leży w samym środku Europy, między górami a morzem. Na południu znajdują się góry Karpaty i Sudety, na północy jest Morze Bałtyckie. Powierzchnia Polski wynosi 312,677 (trzysta dwanaście tysięcy sześćset siedemdziesiąt siedem) kilometrów kwadratowych. Państwa europejskie o większym obszarze niż Polska to: Związek Radziecki, Francja, Hiszpania, Szwecja, Finlandia i Norwegia.

Większość powierzchni Polski jest niziną. Nizina ta jest częścią wielkiej niziny europejskiej, która ciągnie się od Oceanu Atlantyckiego przez Europę Środkową aż po góry Ural na Wschodzie Europy. Można więc powiedzieć, że Polska leży na przejściu Europy Zachodniej w Europę Wschodnią.

Polska Rzeczpospolita Ludowa (PRL) graniczy z trzema państwami. Od zachodu z Niemiecką Republiką Demokratyczną (NRD), od południa z Czechosłowacką Republiką Socjalistyczną (CSRS), od wschodu ze Związkiem Socjalistycznych Republik Radzieckich (ZSRR). Najdłuższa granica jest z Czechosłowacją (1310 km.) a najkrótsza z NRD (460 km.); granica z ZSRR ma długość 1244 km. W 1978 roku mieszkało w Polsce ponad 34 miliony ludzi. Przy tym ponad 10 milionów Polaków i osób polskiego pochodzenia mieszka za granicą: w Stanach Zjednoczonych, we Francji, w Brazylii, w Kanadzie, w Wielkiej Brytanii, w Republice Federalnej Niemiec (RFN), w Australii, w Belgii.

Poland lies in the very centre of Europe, between the mountains and the sea. In the south are the Carpathian and Sudeten mountains; in the north is the Baltic Sea. Poland's land area totals 312,677 square kilometres. European countries larger in territory than Poland are: the Soviet Union, France, Spain, Sweden, Finland and Norway.

Most of Poland (= Poland's land area) is a plain. This plain is part of the great European plain which stretches from the Atlantic Ocean through central Europe right up to the Urals in the east of Europe. One can say, therefore, that Poland lies at the crossroads of Eastern and Western Europe.

The Polish People's Republic (PPR) borders on (= with) three

Note: Events since 1989, as readers will know, have brought many changes to Poland and its neighbours, and significantly altered the political map of this part of Europe.

countries. On (= from) the west with the German Democratic Republic (GDR), on (= from) the south with the Czechoslovak Socialist Republic (CSR), on the east with the Union of Soviet Socialist Republics (USSR). The longest border is with Czechoslovakia (1310 km) and the shortest with the GDR (460 km); the border with the USSR totals 1244 km. In 1978 there were over 34 million people living in Poland. In addition, over 10 million Poles and people of Polish origin live abroad: in the United States, in France, in Brazil, in Canada, in Great Britain, in the Federal Republic of Germany (FRG), in Australia and in Belgium.

Najkrótszy przewodnik po Polsce

Polska leży w Europie; za wschodnią granicą mówią, że w zachodniej, za zachodnią, że we Wschodniej, za południową, że w Północnej, a za północną granicą Polski nikt nic nie mówi, gdyż zaraz zakrztusiłby się wodą morską.

The Shortest Guide to Poland

Poland lies in Europe; beyond its Eastern border they say that it's in Western Europe, beyond its Western border that it's in Eastern Europe, beyond its Southern border that it's in Northern Europe and beyond its Northern border no one says anything since they would immediately (= straight away) choke on sea water.

Polski Związek Piłki Nożnej (PZPN)

Wielka międzynarodowa kariera polskiej piłki nożnej rozpoczęła się w 1972 r. podczas igrzysk olimpijskich w Monachium. Po zwycięstwie nad Węgrami 2:1 Polska zdobyła złoty medal. Trener Kazimierz Górski stworzył silny zespół oparty na młodych zawodnikach. Swą wysoką klasę drużyna potwierdziła w eliminacjach do mistrzostw świata 1974 r. Po pamiętnym remisie 1:1 na Wembley Polacy zakwalifikowali się do puli finałowej i wyeliminowali Anglików. W finałach drużyna Kazimierza Górskiego walczyła wspaniale, zwyciężając w swej grupie Argentynę 3:2, Haiti 7:0 i Włochy 2:1, a w drugiej rundzie Szwecję 1:0 i Jugosławię 2:1. Dopiero porażka z późniejszymi mistrzami świata reprezentantami RFN 0:1 przerwała tę passę. W meczu o trzecie miejse Polska pokonała jedenastkę Brazylii 1:0. Wyniki i styl gry piłkarzy pol-

skich były rewelacją mistrzowskiego turnieju. Polacy zdobyli najwięcej bramek w turnieju – 16, ,,królem strzelców" został Grzegorz Lato – 7 bramek. W klasyfikacji ,,Fair Play" Polska była na drugim miejscu.

Polish Football Association

Polish football's great international success (= career) began in 1972 during the Munich Olympic Games. Poland won the Gold Medal after defeating (= victory over) the Hungarians 2–1. The trainer Kazimierz Gorski had created a strong group of (= based on) young players. The team confirmed its high standard in the 1974 World Cup elimination games. After the memorable 1–1 draw at Wembley, the Poles qualified for the finals and eliminated the English. In the finals Kazimierz Górski's team fought splendidly, defeating, in their group, Argentina 3–2, Haiti 7–0 and Italy 2–1, and in the second round Sweden 1–0 and Yugoslavia 2–1. Only the 0–1 defeat by the later world champions West Germany ended this run of victory. In the match for third place, Poland defeated the Brazilian team 1–0. The Polish players' results and style of play were the sensation of the championships. The Poles scored the most goals in the competition – 16. The top goal scorer was Grzegorz Lato – 7 goals. In the category of 'Fair Play' Poland came second.

Z kroniki dyplomatycznej

Jak donosi nasza agencja, wczoraj, w czasie polowania na króliki wydanego z okazji bankietu, miał miejsce pożałowania godny wypadek. Pierwszy sekretarz ambasady został zastrzelony na miejscu, chargé d'affaires otrzymał postrzał w brzuch, radcy – prawny i handlowy – odnieśli ciężkie rany, a kilkunastu urzędników placówki – lżejsze. Ponadto upolowano dwa króliki.

Reszta przyjęcia upłynęła w serdecznej i pogodnej atmosferze.

From the diplomatic bulletin

As our agency informs us, yesterday, during a rabbit hunt arranged on the occasion of a banquet, a regrettable incident (accident) occurred. The first secretary of the embassy was killed outright, the chargé d'affaires received gunshot wounds in the stomach, the legal and commercial counsellors sustained serious wounds and a dozen or so employees of the embassy (= lit. outpost; establishment) were less seriously injured. Over and above all this two rabbits were caught.

The remainder of the reception passed in a cordial and peaceful manner.

Kącik wiejski

Rzadki jubileusz
Kura, należąca do rolnika Jana Worczyka, zniosła jajko. Jest to 25-miliardowe jajko zniesione przez kurę w ogóle od chwili powstania kury.

The village corner

A rare jubilee
A chicken, belonging to farmer Jan Worczyk, has laid an egg. This is the 25 billionth egg laid by a hen since hens came into existence.

Z kraju

Kto będzie płacił?

Ukazanie się zorzy polarnej w Polsce nasuwa nam pytanie, komu potrzebna była tak kolosalna impreza o charakterze reprezentacyjnym. Zapytujemy: ile to kosztowało i kto za to zapłaci?

Home news

Who will pay?

The appearance of the aurora borealis over Poland raises the question – who needed such a magnificent but useless display? We ask – how much did it cost and who is going to pay for it?

S. Mrożek

Polskie Linie Lotnicze Lot utrzymują stałe połączenia z 50 portami Europy, Afryki Płn., Bliskiego i Dalekiego Wschodu, a w Ameryce Płn. z Nowym Jorkiem i Montrealem.

W Polsce oferujemy dogodne połączenia do wszystkich większych miast kraju.

Nasze biura pozostają do Państwa dyspozycji oferując informacje o programach turystycznych do Polski. Ich personel pomoże Wam załatwić wszelkie formalności. Zarezerwuje także, na życzenie, pokój hotelowy przy dokonywaniu rezerwacji na rejs LOT-u.

Polish Airlines 'Lot' maintains a regular (constant) service (connection) to (with) 50 airports of Europe, North Africa, the Middle and Far East and in North America, to New York and Montreal.

In Poland we offer a convenient service to all the larger cities (in the country).

Our offices are (remain) at your service, offering you information on tourist programmes to Poland. Their staff will help you deal with all formalities. They (it) will also reserve for you, at your request, hotel accommodation (=hotel room) at the same time as you book your LOT flight (reservation for a journey).

Pollena. Kosmetyki dla ciebie

„Pollena" opierając się na najnowszych zdobyczach nauki, techniki, a szczególnie w takich dziedzinach, jak chemia, biologia, biochemia i medycyna, produkuje szeroki asortyment nowoczesnych preparatów kosmetycznych, które odpowiednio stosowane, pozwalają przez długie lata zachować młodość i urodę.

Pollena. Cosmetics for you
'Pollena', relying on the latest achievements in science, technology (and) particularly in such fields as chemistry, biology, biochemistry and medicine produces a wide range of modern cosmetic preparations which, used properly, allow you to preserve your youth and beauty for long (many) years.

Popiół i diament
Szedł jakiś czas tą uliczką, potem skręcił w poprzeczną, równie jak tamta wąską i cichą. Wtem zatrzymał się. Czego tu właściwie szukał? Po co tu zaszedł? Czy rzeczywiście zdecydował się pojechać do Kalinówki? Dworzec kolejowy znajdował się w zupełnie innej części miasta. Godzina dzieliła go od odejścia pociągu. Jedna godzina. Krystyna mogła już czekać. Ogarnął go nagle niepokój, aby zdążyć na czas. Szybko zawrócił z powrotem. Doszedł do rogu, z pośpiechem skręcił i nagle, w odległości kilkudziesięciu kroków przed sobą, ujrzał idących środkiem jezdni trzech żołnierzy z pepeszami. Drgnął i błyskawicznie się odwrócił. Posłyszał za sobą krzyk: stać! Od rogu krok go zaledwie dzielił. Mocniej objąwszy jedną ręką teczkę, drugą odruchowo sięgnął do płaszcza po rewolwer. I w tym momencie, gdy uświadomił sobie, że broni nie ma, silne uderzenie w plecy ścięło w nim oddech. Szarpnął się. Jak przez mgłę usłyszał płaskie, przytłumione strzały. Wypuszczając teczkę runął na ziemię. Nad sobą ujrzał wielką biało-czerwoną flagę. Wyżej niebieskie, bardzo odległe niebo. „Skąd ta chorągiew? – zdziwił się. – Co się stało?"
Jeden z żołnierzy podnosił z ziemi teczkę. Drugi ukłąkł przy leżącym i pośpiesznie począł przeszukiwać kieszenie płaszcza. W jednej znalazł zwiędłe fiołki. Rzucił je na bok. Potem rozpiął płaszcz.
– I co? – spytał trzeci, który stał nie opodal z pepeszą.
Klęczący wyjął z kieszeni marynarki kennkartę i podał koledze. Ten przejrzał ją i włożył do kieszeni. Pierwszy z żołnierzy wyrzucał tymczasem kolejno na bruk zawartość teczki: pidżamę, brudną

koszulę, mydło . . . Wszyscy trzej spojrzeli po sobie.
– Cholera! – mruknął ten, który klęczał.
Nachylił się nad leżącym. Żył jeszcze. Oczy miał otwarte, lecz
już umykające w głąb, mgłą zasnute.
– Człowieku! – zawołał z żalem. – Człowieku, po coś uciekał?
Jerzy Andrzejewski (1909–1983)

Ashes and Diamonds: the conclusion

He walked for a while along the street and he turned into one of
the side streets, which was just as narrow and quiet. Then he
stopped. What was he doing here? Why had he come here? Had
he really decided to go to Kalinówka? The railway station was in
a completely different part of town. He had an hour before the
train left. One hour. Krystyna might already be waiting. He was
suddenly seized with anxiety lest he be late. He hastily turned back.
He reached the corner, quickly turned it, and all of a sudden, a
dozen or so paces in front of him, he saw three soldiers with sub-
machine guns walking down the middle of the road. He started,
and turned back quick as lightning. He heard a shout behind him.
Halt! He was barely a step or so from the corner. Clasping his
briefcase more firmly, he instinctively reached for the revolver in
his pocket. The moment he realized he had no weapon, a sharp
pain in his back took his breath away. He recoiled. He heard the
dull, muffled shots as if through a fog. Letting the briefcase go, he
fell flat to the ground. He saw a great red and white flag above
him. Above that, a blue, very distant sky. 'Where has that flag
come from?' he wondered. 'What's happened?'

One of the soldiers was picking up the briefcase from the ground.
Another one knelt by the man lying on the ground and quickly
began searching through his coat pockets. He found some withered
violets in one of them. He threw them aside. Then he unbuttoned
the coat.

'Well?' asked the third soldier, who was standing nearby with a
sub-machine gun. The soldier kneeling down, took out an identity
card from a jacket pocket and handed it to his colleague. The latter
looked it over and put it into his pocket.

The first soldier, meanwhile, was throwing out the contents of
the briefcase on to the road: pyjamas, a dirty shirt, soap . . . All
three of them looked at each other.

'Hell', muttered the one kneeling down.

He leant over the man lying in the street. He was still alive. His eyes were open but already slipping away into the distance and fogging over.

'Fellow!' he said sorrowfully. 'Fellow, why did you run?'

From *Myśli nieuczesane* (Unkempt Thoughts) by Stanisław Jerzy Lec

Czasem mnie diabeł kusi, by uwierzyć w Boga.

Sometimes the devil tempts me, to believe in God.

To, że umarł, nie jest jeszcze dowodem, że żył.

The fact that he died is not yet proof that he lived.

Sumienie miał czyste. Nie używane.

He had a clear conscience. Unused.

Ideały nie są dla idealistów.

Ideals are not for the idealists.

Wieża w Pizie nachylona jest pod kątem widzenia turystów.

The tower in Pisa is leaning from the point of view of the tourists.

Śnił mi się Freud. Co to znaczy?

I dreamt of Freud. What does it mean?

Tak Mało

So Little

Tak mało powiedziałem.
Krótkie dni.

So little have I said.
Short were the days.

Krótkie dni,
Krótkie noce,
Krótkie lata.

Short were the days,
The nights,
The years.

Tak mało powiedziałem,
Nie zdążyłem.

So little have I said,
I didn't have the time.

Serce moje zmęczyło się
Zachwytem,
Rozpaczą,
Gorliwością,
Nadzieją.

My heart grew tired
With the rapture,
The despair,
The fervour,
The hope.

Paszcza lewiatana
Zamykała się na mnie.

The jaws of the leviathan
Were closing over me.

Nagi leżałem na brzegach
Bezludnych wysp.
Porwał mnie w otchłań ze sobą
Biały wieloryb świata.
I teraz nie wiem
Co było prawdziwe.

Czesław Miłosz (1911-)

Naked I lay on the shores
Of desert islands.
The white whale of the world
Snatched me into the abyss.
And now I do not know
What was real.

PROVERBS - IDIOMS - SLANG

Jak sobie pościelisz, tak się wyśpisz	As you make your bed so you'll sleep in it
Kiedy wlazłeś między wrony, musisz krakać jak i one	When in Rome do as the Romans do (lit. = when you've got among the crows you have to crow as they do)
Wszędzie dobrze gdzie nas nie ma	It's always greener on the other side of the hill (= it's always better there where we're not)
Cicha woda brzegi rwie	Still waters run deep (= silent water tears the river banks)
Ręka rękę myje	You scratch my back I'll scratch yours (= hand washes hand)
ani mi to grzeje, ani ziębi	it's all the same to me
mam go (ją)/to gdzieś	I couldn't care less about him (her)/it
dobrze ci(mu) tak	serves you (him) right
on jest kopnięty	he's nuts, crazy
zrobić kogoś (A) w konia	make a fool out of someone
mam kaca	I've got a hangover
co za pech!	what (rotten) luck!
co za heca!	what a to-do!

nieszczęścia chodzą parami	it never rains it pours (= misfortunes come in pairs)
ona nie ma zielonego pojęcia	she hasn't the foggiest idea
cholerny świat!	damn it all!
starość nie radość	old age is no joy
to moja rzecz	that's my business
nie wtykaj nosa w cudze sprawy	don't poke your nose into other people's affairs
wyciągnąć kopyta	kick the bucket (= to stretch out one's hooves)
proszę się nie produkować	don't show off (= don't produce/display yourself)
tak źle i tak niedobrze	you can't win = (it's bad this way and it's bad the other way)

GRAMMAR REFERENCE

This is a summary of some of the main points of grammar. It should be regarded as a quick reference guide only and used in conjunction with the detailed explanations of grammatical material in the lessons.

NOUNS

Gender

There are three genders: masculine, feminine, neuter. Gender is in most cases not related to meaning, and is determined by the ending of the noun in its basic, dictionary (Nominative singular) form.

Case

Nouns change their endings (in the singular and plural) according to the role (e.g. subject, object) they play in the sentence.
Case may be determined also by a preposition, a verb or a prepositional phrase.

Cases and their main uses

Nominative
the subject (the person, thing doing the action)
after **to** (this is . . .) and in introductions (I'm Joe Bloggs)

Accusative
the object (he's reading *a book*)
with verbs of motion indicating movement to a place and when going to functions (to a concert)
with prepositional phrases (look at, wait for, ask for)

Genitive
to show possession (my *sister's* hat)
after a negative verb replaces the Accusative
after numbers over 4
after adverbs of quantity (a lot of, a few (of))
after most prepositions

Dative
the indirect object (always the person to whom something happens or is given: she gave *me* her address)
after four prepositions (**dzięki, wbrew, ku, przeciwko**)

Instrumental
denotes the instrument with which or means by which something is done (write in pencil; go by bus, train, foot)
denotes nationality, profession (He's a Pole/ a teacher)
after prepositions denoting location (**między, nad, pod, przed, za**) and **z** 'with'

Locative   only used after the prepositions **na** 'on, at'; **w** 'in'; **po** 'about, along'; **przy** 'near, by'; **o** 'concerning'

For detailed notes regarding the cases and their uses see Lessons 1–11. Many of them are used in expressions of time – see e.g. Lesson 6 and 17.

Declension of nouns

These are model, regular nouns. Exceptions and deviations are identified in the lessons and/or in the vocabulary.

Masculine
Singular

N.	student	Polak	pies	hotel	pociąg
A.	studenta	Polaka	psa	hotel	pociąg
G.	studenta	Polaka	psa	hotelu	pociągu
D.	studentowi	Polakowi	psu	hotelowi	pociągu
I.	studentem	Polakiem	psem	hotelem	pociągiem
L.	studencie	Polaku	psie	hotelu	pociągu

Plural

N.	studenci	Polacy	psy	hotele	pociągi
A.	studentów	Polaków	psy	hotele	pociągi
G.	studentów	Polaków	psów	hotelów	pociągów
D.	studentom	Polakom	psom	hotelom	pociągom
I.	studentami	Polakami	psami	hotelami	pociągami
L.	studentach	Polakach	psach	hotelach	pociągach

Notes:

1. In the singular A.=G. for people, animals/N.=A. for objects, things.
   In the plural A.=G. for men (mixed group) /N.=A. for animals, things.
   See Lessons 4 and 7.
2. Nouns like **pies, ojciec, chłopiec, cudzoziemiec, zegarek, wtorek,**

palec, **styczeń** drop the (final) -ie-|-e- in all cases other than the Nominative singular.

Remember also: **ó-o**, **Bóg-Boga**, **stół-stołu**, **pokój-pokoju**

3. Remember the Nom. pl. ending **-owie** for titles, professions, kinship (profesorowie, panowie, synowie).
4. Masculine nouns ending in **-a** (**kolega**, **artysta**, **turysta**) decline like feminine nouns in the singular, like masculine nouns in the plural.
5. Take care with masc. nouns ending in soft consonants: **gość**, **gościa**; pl. **goście**, **gości** – **koń**, **konia**; **konie**, **koni** and with the irregular **dzień**, **dnia**; pl. **dni(e)**, **dni** – **tydzień**, **tygodnia**; **tygodnie**, **tygodni**. The sing. and pl. forms of such nouns are given in the Vocabulary.
6. The endings for the Dative, Instrumental and Locative plural are (with very few exceptions) the same for all nouns of all genders.

Feminine

	Stem in **k, g**	Hard cons.	Soft cons.	Stem in **c**	Ending in **c**
Singular					
N.	matka	kobieta	pani	praca	noc
A.	matkę	kobietę	panią	pracę	noc
G.	matki	kobiety	pani	pracy	nocy
D.	matce	kobiecie	pani	pracy	nocy
I.	matką	kobietą	panią	pracą	nocą
L.	matce	kobiecie	pani	pracy	nocy

Plural					
N.	matki	kobiety	panie	prace	noce
A.	matki	kobiety	panie	prace	noce
G.	matek	kobiet	pań	prac	nocy
D.	matkom	kobietom	paniom	pracom	nocom
I.	matkami	kobietami	paniami	pracami	nocami
L.	matkach	kobietach	paniach	pracach	nocach

Notes:

1. Notice the spelling changes before **e** in the D/L: **k-c**, **t-ci**. Similarly **ręka** – **ręca**; **noga** – **nodze** (**g** – **dz**).
2. The Acc. sing. **panią** is an exception.

3. Take care with the Gen. pl. endings: **matki – matek; panie – pań; nogi – nóg; ręce – rąk**. See Lesson 8.
4. Feminine nouns ending in **-ś, –ść** deviate from the rules: N./ A. **wieś**; G./D./L. **wsi**; I. **wsią**; pl. N./A. **wsi(e)**; G. **wsi**; D. **wsiom**; I. **wsiami**; L. **wsiach**. Their Nom. pl. endings (here either **wsi** or **wsie**) are not always predictable. See the Vocabulary.

Neuter

	Stem in **k, g**	Hard cons.	Soft cons. or c, rz	Ending in **-ę**
Singular				
N.	nazwisko	słowo	morze	imię
A.	nazwisko	słowo	morze	imię
G.	nazwiska	słowa	morza	imienia
D.	nazwisku	słowu	morzu	imieniu
I.	nazwiskiem	słowem	morzem	imieniem
L.	nazwisku	słowie	morzu	imieniu
Plural				
N.	nazwiska	słowa	morza	imiona
A.	nazwiska	słowa	morza	imiona
G.	nazwisk	słów	mórz	imion
D.	nazwiskom	słowom	morzom	imionom
I.	nazwiskami	słowami	morzami	imionami
L.	nazwiskach	słowach	morzach	imionach

Notes:

1. Neuter nouns in **-um** do not decline in the singular (e.g. **muzeum, centrum**). Their plural endings are: N/A **muzea**; G. **muzeów**; D. **muzeom**; I. **muzeami**; L. **muzeach**.
2. As with feminine nouns take care with the Genitive pl. endings.

ADJECTIVES

Singular:

	Masculine				Feminine			Neuter		
N.	mój	ten	nowy	polski	moja	ta	nowa	polska	moje	to	nowe	polskie
A.	=N (inanimate) =G (animate)				moją	tę	nową	polską	moje	to	nowe	polskie
G.	mojego	tego	nowego	polskiego	mojej	tej	nowej	polskiej			
D.	mojemu	temu	nowemu	polskiemu	mojej	tej	nowej	polskiej	All other cases		
I.	moim	tym	nowym	polskim	moją	tą	nową	polską	as for masculine		
L.	moim	tym	nowym	polskim	mojej	tej	nowej	polskiej			

Plural: Men only (mixed group)

N.	moi	ci	nowi	polscy
A.	moich	tych	nowych	polskich

Women, objects, animals (all genders)

N.	moje	te	nowe	polskie
A.	moje	te	nowe	polskie
G.	moich	tych	nowych	polskich
D.	moim	tym	nowym	polskim
I.	moimi	tymi	nowymi	polskimi
L.	moich	tych	nowych	polskich

Remember: This important distinction in the N/A. The remaining cases are the same for all adjectives

Notes

1 Adjectives distinguish between people/animals (animates) and objects/things (inanimates) in the Acc. sing. masculine and between men and all other things in the Nom./Acc.pl. See Lessons 3 and 7.

2 The Nom.pl. form referring to men characteristically ends in **-i**, *but* note some of the spelling changes: **mój – moi; te – ci; nasz – nasi; nowy – nowi; duży – duzi; mały – mali; dorosły – dorośli; bogaty – bogaci.**
   Exception: adjectives in – **ki – gi – ry** change their ending to – **cy – dzy – rzy: polski – polscy; jaki – jacy; drogi – drodzy; dobry – dobrzy; stary – starzy.**

3 The Acc. of **ta** (f.) is, exceptionally, **tę,** but **tamta** (f.) 'that one there' = Acc. **tamtą.**

The following are adjectival or treated like adjectives:

Possessives: mój, twój, nasz, wasz; swój (but remember that jego, jej, ich, do not decline).
Demonstratives: ten, ta, to/tamten, tamta, tamto.
Interrogatives: który? jaki? czyj?
Adjectival participles: czytający, myślący, etc.
Ordinal numbers: pierwszy, drugi, etc.
Surnames in -ski, -cki, -dzki: Sobieski, Potocki, Zawadzki.
Nouns derived from adjectives:
królowa 'queen', bratowa 'sister-in-law', luty 'February', złoty '(the Polish) zloty', Zakopane (the town).
Interrogative and indefinite pronouns: kto? co?/nikt, nic (see below).

INTERROGATIVE AND INDEFINITE PRONOUNS

N.	kto	'who'	nikt	'no one'
A. } G. }	kogo		nikogo	
D.	komu		nikomu	
I. } L. }	kim		nikim	
N. } A. }	co	'what'	nic	'nothing'
G.	czego		niczego	
D.	czemu		niczemu	
I. } L. }	czym		niczym	

With **ktoś** 'someone' **coś** 'something' simply add **-ś** to each form above: **kogoś, czegoś**, etc. In the compounds **ktokolwiek, cokol-wiek** 'whoever, whatever' only **kto, co** decline.

The opposite of **nikt** (sing.) is **wszyscy/wszystkie** (pl.) 'everyone' (declined like **polscy/polskie**); the opposite of **nic** = **wszystek** (G. **wszystkiego**), **wszystka** (G. **wszystkiej**), **wszystko** (G. **wszystkiego**).

Remember:
1. In Polish personal pronouns are not used before verbs, except for emphasis or to avoid confusion between persons: **Gdzie jesteś?** 'Where are you?' **Gdzie ty jesteś?** 'Where are *you?*' (Where on earth are you?).
   Ona jest, on jeszcze nie przyszedł 'She's here, he hasn't come (arrived) yet'.
2. The casual forms for 'you' – **ty** (sing.) and **wy** (pl.) are only for addressing friends, relatives or equals. See Lesson 1.
3. **On, ona, ono** all mean *it* when used to replace a noun not referring to a person: **Ta książka. Jaka ona jest?** 'That book. What's it like?'

PERSONAL PRONOUNS

Singular

	'I'	ty	'you'	on	'he'	ona	'she'	ono	'it'
N.	ja	ty		on		ona		ono	
A.	mnie, mię	ciebie, cię		jego, go (niego)		ją (nią)		je (nie)	
G.	= A	= A		= A		jej (niej)		All other cases as	
D.	mnie, mi	tobie, ci		jemu, mu (niemu)		jej (niej)		for on 'he'	
I.	mną	tobą		nim		nią			
L.	mnie	tobie		nim		niej			

Plural

	'we'	wy	'you'	Men only (mixed group)	'they'	Women, objects, animals (all genders)	'they'
N.	my	wy		oni		one	
A.	nas	was		ich (nich)		je (nie)	
G.	=A	= A		ich (nich)		ich (nich)	
D.	nam	wam				im (nim)	
I.	nami	wami				nimi	
L.	nas	was				nich	

The use of pronouns and of their different forms is explained in Lesson 9.

For notes please see page 228

VERBS (A summary of regular conjugations)

	Present	Past	Future	Conditional
	czytać			
ja	czyt-am	czytał-em/am	będę	czytał/a/-bym
ty	czyt-asz	czytał-eś/aś	będziesz	czytał/a/-byś
			czytał/a/o	
on	czyt-a	czytał	będzie	czytał-by
ona		czytała		czytała-by
ono		czytało		czytało-by
my	czyt-amy	czytali/ły/-śmy	będziemy	czytali/ły/-byśmy
wy	czyt-acie	czytali/ły/-ście	będziecie	czytali/ły/-byście
			czytali/-ły	
oni	czyt-ają	czytali	będą	czytali-by
one		czytały		czytały-by
	pisać			
ja	pisz-ę	pisał-em/am	będę	pisał/a/-bym
ty	pisz-esz	pisał-eś/aś	będziesz	pisał/a/-byś
			pisał/a/o	
on	pisz-e	pisał	będzie	pisał-by
ona		pisała		pisała-by
ono		pisało		pisało-by
my	pisz-emy	pisali/ły/-śmy	będziemy	pisali/ły/-byśmy
wy	pisz-ecie	pisali/ły/-ście	będziecie	pisali/ły/-byście
			pisali/ły	
oni	pisz-ą	pisali	będą	pisali-by
one		pisały		pisały-by
	mówić			
ja	mów-ię	mówił-em/am	będę	mówił/a/-bym
ty	mów-isz	mówił-eś/aś	będziesz	mówił/a/-byś
			mówił/a/o	
on	mów-i	mówił	będzie	mówił-by
ona		mówiła		mówiła-by
ono		mówiło		mówiło-by
my	mów-imy	mówili/ły/-śmy	będziemy	mówili/ły/-byśmy
wy	mów-icie	mówili/ły/-ście	będziecie	mówili/ły/-byście
			mówili/ły	
oni	mów-ią	mówili	będą	mówili-by
one		mówiły		mówiły-by

	Present	Past	Future	Conditional
	uczyć(się)			
ja	ucz-ę	uczył-em/am	będę	uczył/a/-bym
ty	ucz-ysz	uczył-eś/aś	będziesz	uczył/a/-byś
			uczył/a/o	
on	ucz-y	uczył	będzie	uczył-by
ona		uczyła		uczyła-by
ono		uczyło		uczyło-by
my	ucz-ymy	uczyli/ły/-śmy	będziemy	uczyli/ły/-byśmy
wy	ucz-ycie	uczyli/ły/-ście	będziecie	uczyli/ły/-byście
			uczyli/ły	
oni	ucz-ą	uczyli	będą	uczyli-by
one		uczyły		uczyły-by

Notes:

1. Remember that almost every Polish verb has two forms (aspects): the Imperfective and Perfective. **Czytać/przeczytać, pisać/napisać, mówić/powiedzieć, uczyć (się)/nauczyć(się)**. See Lessons 12 and 13 for aspects and for the past and future of Impf./Pf. verbs.
2. Take care to distinguish between the genders in the past, future and conditional: **pisałem list** 'I (male) was writing a letter'; **Mówiłam ci wczoraj** 'I (female) was telling you yesterday'.
3. Not all verbs in **-ić** have **-ię** in the first person singular. See Lesson 4. Also for verbs in **-(i)eć**.
4. Verbs in **-ować** see Lesson 6, e.g. **pracować** = Pres. **pracuję -esz** Past. **pracowałem/am**. Similarly conjugated are verbs in **-ywać** BUT not verbs in **-awać**, e.g. **dawać** = Pres. **daję/esz** Past **dawałem(-am)**.
5. For verbs in **-(n)ąć** see Lesson 20. For irregular verbs see the later lessons and also page 232.

Irregular verbs

Verbs are Imperfective unless otherwise indicated. Present (Impf.)/
Future (Pf.) and Past forms are given:

brać	to take	biorę, bierzesz; brałem (-am), brali/brały
być	to be	jestem, jesteś, są; byłem (-am), byli/były (Future: będę, będziesz)
chcieć	to want	chcę, chcesz; chciałem (-am), chcieli/chciały
dać(Pf.)	to give	dam, dasz *but* dadzą; dałem(-am), dali/dały
iść	to go (on foot)	idę, idziesz; szedłem (szłam), szli/szły
jechać	to go (by transport)	jadę, jedziesz; jechałem (-am), jechali/jechały
jeść	to eat	jem, jesz, jedzą, jadłem (-am), jedli/jadły
kłaść	to place, put	kładę, kładziesz; kładłem (-am), kładli/kładły
kraść	to steal	kradnę, kradniesz; kradłem (-am), kradli/kradły
lać	to pour	leję, lejesz; lałem(-am), lali/lały
mieć	to have	mam, masz; miałem(-am), mieli/miały
móc	to be able	mogę, możesz; mogłem -eś (-am, -aś) *but* mógł (mogła), mogli/mogły
musieć	to have to	muszę, musisz; musiałem (-am), musieli/musiały
nieść	to carry	niosę, niesiesz; niosłem -eś (-am, -aś) *but* niósł(niosła), nieśli/niosły
paść (Pf.)	to fall	padnę, padniesz; padłem (-am), padli/padły
siąść (Pf.)	to sit down	siądę, siądziesz; siadłem (-am), siedli/siadły

stać	to stand	stoję, stoisz; stałem(-am), stali/stały
umieć	to know (how to)	umiem, umiesz; umiałem (-am), umieli/umiały
wiedzieć	to know (a fact)	wiem, wiesz; wiedziałem (-am), wiedzieli/wiedziały
wieźć	to carry (by vehicle)	wiozę, wieziesz; wiozłem -eś (-am, -aś) *but* wiózł (wiozła), wieźli/wiozły
wstać (Pf.)	to get up	wstanę, wstaniesz; wstałem (-am), wstali/wstały
wysłać (Pf.)	to send	wyślę, wyślesz; wysłałem (-am), wysłali/wysłały
wziąć (Pf.)	to take	wezmę, weźmiesz; wziąłem (wzięłam), wzięli/wzięły
zapomnieć (Pf.)	to forget	zapomnę, zapomnisz; zapomniałem(-am), zapomnieli/zapomniały
znaleźć (Pf.)	to find	znajdę, znajdziesz; znalazł- em (-am), znaleźli/znalazły

PREPOSITIONS

A selection of the most common prepositions follows.

Prepositions used with more than one case are indicated by capital letters.

Genitive

od	from; than (in comparisons)	w pobliżu	in the vicinity of
do	to, up to, until	naprzeciw(ko)	opposite
z	from (a place), out of	wśród	among, in the midst of
bez	without	(o)prócz	besides, apart from
dla	for	według	according to
koło	near, about (approx.)	zamiast	instead of
dokoła	(all) around	podczas	during
obok	beside, next to	w ciągu	in the course of
blisko	near by, close to	u	at
niedaleko	not far off	mimo	in spite of

Dative

dzięki	thanks to	ku	towards, to
wbrew	contrary to	przeciw(ko)	against (opposition)

Accusative

przez	through, across, for (time), during	MIĘDZY	between (motion)
		NAD	above, on (motion)
NA	on, onto (motion) for (time)	POD	under (motion)
		PRZED	in front of (motion)
O	about; against (motion)	ZA	behind (motion) in (. . .'s time)
W	on (with days of week) into (motion)		
PO	for (in order to bring)		

Instrumental

		MIĘDZY	between (location + time)
		NAD	above, on (location)
		POD	under, at (location)
		PRZED	in front of (location) before (time)
		ZA	behind, beyond (location)
		Z	(together) with

Locative

NA	on, at (location)
O	concerning; at (time)
W	in (location); in (time: units larger than days)
PO	after (time); about, along (location)
przy	(near) by

Notes:

Certain prepositions may take one of two cases: the Locative or Instrumental to denote location *or* the Accusative to express motion to a place.

Motion   = Accusative: **między, nad, pod, przed, na, w, za, o.**
Location = Instrumental: **między, nad, pod, przed, za.**
      = Locative: **na, w, po.**

See Lessons 3, 10 and 11. See also appropriate lessons for prepositions used in expressions of time.

SIMPLE SENTENCES

Statements

Czytam gazetę. Brat jest lekarzem. Antek urodził się w Londynie. Jutro jadę do Warszawy. Wrócę za miesiąc.

Questions

CO robisz dzisiaj? KTO to jest? CZY to jest twoja siostra? JAK się pan czuje? KIEDY będziesz w domu? GDZIE jest hotel? DLACZEGO czekasz? PO CO to robisz? DOKĄD idziecie? SKĄD ona jest? JAKA jest dzisiaj pogoda? JAKIE masz mieszkanie? CZYJ jest ten sweter? CZYJA to gazeta? KTÓRA jest godzina? KTÓRE miejsce jest wolne? Z KIM rozmawiasz? DO KOGO dzwonisz? KOMU kupiłaś prezent? KOGO nie ma?

Commands, requests

Przyjdź jutro! Napisz do mnie z Londynu!
Proszę nie palić! Niech pan siada!
Dałbyś mi spokój! Nie dotykać!

Wish, condition Chciałbym z panią porozmawiać. Kupiłbym, ale nie mam pieniędzy

(hypothesis) **Gdybym** miał pieniądze, kupiłbym samochód
(real condition) **Jeśli (jeżeli)** macie czas, pójdziemy na spacer

SIMPLE SENTENCES LINKED BY CONJUNCTION

i	Byłem w Paryżu **i** w Londynie
a	Wczoraj padał deszcz, **a** dzisiaj pada śnieg
ale (lecz)	Byłem tam, **ale** nikogo nie było
albo (lub)	Przyjdź dzisiaj **albo** jutro
więc	Byliśmy w Warszawie, **więc** wiemy gdzie to jest
jednak	Nie chciał, ale **jednak** powiedział mi o tym

COMPOUND SENTENCES

który (-a, -e)	Czy pamiętasz, o której godzinie mamy się spotkać? Czy znasz tego pana, który tam siedzi?
że	Wiem, że on jest w domu. Myślałem, że nie zdążę na pociąg.
co	Nie wiem, co się stało. Czy słyszałaś, co on powiedział?
kto	Czy wiesz, kto to jest?
czy	Wątpię, czy on będzie w domu? Pytał się, czy jesteś chory.
kiedy/gdy	Pamiętam czasy, kiedy byłem mały. Gdy wrócę, zadzwonię do ciebie.
gdzie	Nie pamiętam, gdzie on mieszkał.
jak	Jak kupisz bilety, to pójdziemy do kina (cond. = if) Powiem ci, jak skończę (time = when) Mówi po polsku jak Polak (manner = like, as)
jaki (-a, -ie)	Nie wiem jaki to jest hotel
żeby	Prosiłem kolegę, żeby mi pomógł (request, demand = in order that, to) Idę do sklepu, żeby kupić chleb (purpose = in order to)
dlatego że (bo)	Nie byłem, bo nie wiedziałem o tym

COMPLEX SENTENCES

Chciałem iść na spacer, ale zaczął padać deszcz, więc zostałem w domu.
I wanted to go for a walk, but it started to rain so I stayed at home.

Powiedzieli mnie, żebym ich odwiedził, gdy będę w Polsce.
They told me to visit them when I'm (will be) in Poland.

Zadzwonił do mnie wczoraj i powiedział, że nie będzie mógł się z nami spotkać dzisiaj, ale że napewno nas odwiedzi jutro.
He rang me yesterday and said that he wouldn't be able to meet us today but that he would definitely visit us tomorrow.

SUBJECT INDEX OF GRAMMATICAL MATERIAL

The figures refer to the lesson(s) where information is given in detail:

Prepositions

With the Acc.	3,4,6
Gen.	4,6
Dat.	9
Instr.	10
Loc.	11
Denoting going to/from	6,7,10,11
Denoting location	10,11

Pronouns

Personal	1,9
Reflexive	18
Conjunctions	1,13
Interrogatives	1,3,4,13
Expressions of time	5,6,11,17
Forms of address	1,3,18

KEY TO EXERCISES

LESSON TWO

Exercise 1

1. trudna 2. drogi 3. nudne 4. wysoki, smutny 5. piękna 6. długie 7. zmęczona 8. wesoła 9. stara 10. małe, ładne.

Exercise 2

1. Która (jaka) to jest lekcja? 2. Jaka ona jest? 3. Czyj to jest kot? 4. Jakie to jest miasto? 5. Czyje to jest miejsce? 6. Który brat jest bogaty? 7. Jaki to jest język? 8. Czyj to jest dom? 9. Jakie to jest nazwisko? 10. Który student jest biedny?

Exercise 3

1. Czyj to jest dom? – To jest mój dom. 2. Który jest ich dom? – Ten mały jest ich. 3. Jaka to jest książka? – To jest angielska książka. 4. Jaki jest język polski? – Język polski nie jest łatwy. 5. Czy to pana/pani gazeta? – Nie, tamta jest moja. 6. Jaki jest jej brat? – Który brat? 7. Jaki ładny, duży, czarny kot? – Czy to twój kot? 8. Jego mieszkanie – jakie ono jest?

LESSON THREE

Exercise 1

1. Rozmawiamy. 2. Czy one słuchają? 3. Kto narzeka? 4. (Ona) nazywa się Betty. 5. Kochamy się. 6. Gdzie się spotykacie? 7. Ja pamiętam i ty pamiętasz. 8. Czy pan/pani mieszka tu? 9. Kto śpiewa? 10. Przepraszam. Czy pan/pani czeka?

Exercise 2

1. Gdzie mieszkasz? (Gdzie pan, pani mieszka?) 2. Czy masz dom? (Czy pan, pani ma dom?) 3. Nie, mam mieszkanie. 4. Czy to jest duże mieszkanie? 5. Tak, mam pokój jadalny, sypialnię, kuchnię i łazienkę. 6. Czy masz telewizor? (Czy pan, pani ma telewizor?) 7. Tak, mam telewizor i radio. 8. Czy masz siostrę? (Czy pan, pani ma siostrę?) 9. Nie, mam młodego brata. 10. Pamiętam. Nazywa się Witold. Zna moją córkę.

LESSON FOUR

Exercise 1

1. Nie znam tej pani. 2. Mam jego adres ale nie znam numeru jego telefonu. 3. Dom mojego brata jest duży i drogi. 4. Mamy bardzo mało czasu. 5. Czy nie ma kawy? Nie, nie ma (kawy). 6. Dlaczego pan/pani się uczy polskiego? 7.Hotel jest blisko poczty. 8. Na kogo pan/pani czeka? 9. Mamy list od koleżanki z Londynu. 10. Nie pamiętam twojego ojca.

Exercise 2

adresu; wina; banku, poczty; hotelu; okna; matki; ładnej pogody; tego miasta; kolegi, koleżanki; tego pana.

Exercise 3

1. Co oni/one robią? 2. Bawią się. 3. Kiedy ten film się kończy? 4. Czy pan/pani pali? 5. Czy Adam się żeni? 6. Lubię (język) polski. 7. Kto płaci? 8. Co ten pan mówi? 9. Nudzimy się. 10. Co myślicie?

Exercise 4

1. Gdzie jest lotnisko? 2. Lotnisko jest daleko/blisko. 3. Czekam na taksówkę. 4. Gdzie jest postój taksówek? 5. Mam paszport i wizę. Nie mam biletu. 6. Skąd pan/pani wraca? 7. Wracamy z Londynu/Warszawy. 8. Mam butelkę wina, litr wódki i flakonik

perfum. 9. Czyja jest ta walizka? 10. To jest walizka mojej żony. 11. Proszę, to jest mój paszport i moja deklaracja celna. 12. To jest moja córka i mój syn. 13. Jesteśmy tutaj po raz pierwszy. 14. Gdzie jest pani mąż? 15. Czy jest daleko do hotelu?

LESSON FIVE

Exercise 1

1. Czy możemy siedzieć? 2. Nie chcę czekać. 3. Czy pan, pani wie gdzie on mieszka? 4. Czy można siedzieć? 5. Nie rozumiem co on mówi. 6. Jane zna mojego brata. 7. Czy on umie czytać po polsku? 8. Nie wiem. Czy ty wiesz?

LESSON SIX

Exercise 1

1. Idziemy/jedziemy do klubu. 2. Czy idziesz na kawę? 3. Nie, muszę iść/jechać do domu. 4. Gdzie jedziecie na urlop? 5. Jedziemy na wyspę. 6. Gdzie pan, pani idzie/jedzie? 7. Mam iść/jechać do doktora. 8. Idę do łóżka. 9. Czy ona idzie/jedzie na pocztę? 10. Nie, ona idzie/jedzie na zakupy. 11. Jak idzie? 12. Dziękuję, idzie dobrze. 13. (Mój) syn idzie na uniwersytet a moja córka jedzie na urlop. 14. Przepraszam, mój zegarek nie idzie. 15. Czy idziesz spać? 16. Nie, idzie dobry film. 17. Czy ona często jeździ do Warszawy? 18. (Mój) brat chodzi do szkoły. 19. Kiedy pan, pani wraca z urlopu? 20. Rzadko chodzę/jeżdżę na ryby.

Exercise 2

How are you? (how do you feel?)
– Fine, thanks . . . I'm a little tired.
Do you have time for a coffee? I'm paying.
– I haven't got time. I must work.
You're joking! Today is Sunday.
– So what? Time is money.

Exercise 3

1. Jak się pan, pani czuje? 2. Dlaczego ona płacze? 3. Dziękuję za kawę. 4. Czy ona często pisze? 5. Co pan, pani pije? 6. Co on kupuje? 7. Ona się kąpie. 8. Czy on żyje?

LESSON SEVEN

Exercise 1

1. Koledzy czekają. 2. Gdzie są chłopcy i dziewczyny? 3. Czy panowie (panie) czekają? 4. Bracia mieszkają niedaleko. 5. To są Polacy a to są Anglicy. 6. Czy córki mają dzieci? 7. Kiedy panowie profesorowie czytają gazety? 8. Koleżanki mówią, że to są Angielki. 9. Noce i dni(e). 10. Czekają na studentki z Londynu.

Exercise 2

1. (Ona) ma ładne oczy. 2. Jej koleżanki (koledzy) nie są bardzo ciekawe (ciekawi). 3. Te stare panie czekają. 4. Czy to są jego rodzice? 5. Jakie pan zna języki? 6. Czy są angielskie gazety? 7. Czy ci ludzie jadą na wakacje? 8. Gdzie są twoi bracia i twoje siostry? 9. Czyje to są okulary? 10. Nasze koty są głupie.

Exercise 3

1. Niemcy. Berlina. Bułgarii. 2. Włoszka. Włoch. 3. Amerykanin. Nowego Jorku. Europę. 4. Chińczycy, Pekinu. angielskiego. 5. amerykańskie studentki, polskiego. 6. Francji, Hiszpanii, Portugalii. 7. chińskiej restauracji, włoskiej. 8. Wielkiej Brytanii, Austrii. 9. Japończycy. 10. Anglię, angielskiej.

LESSON EIGHT

Exercise 1

1. Mam trzech braci i dwie siostry. 2. Jedna pracuje, dwie jeszcze chodzą do szkoły. 3. Czekam cztery tygodnie/sześć tygodni/dziesięć

lat. 4. Mamy dwa małe pokoje/pięć dużych pokoi. 5. Jest jeden Anglik, sześciu Węgrów i pięć Niemek. 6. Czekam na dwóch amerykańskich kolegów i ich żony. 7. Mam niewiele czasu/kilka dni/ sześć miesięcy. 8. Znam sporo/osiem języków.

Exercise 2

1. To jest moja żona, mój syn i moja córka. 2. Mam czterech braci ale ani jednej siostry. 3. Nie mamy ani syna ani córki. 4. Mam dwóch niemieckich kuzynów/dwie niemieckie kuzynki. 5. Czy twoi (pana, pani) rodzice jeszcze żyją? 6. Nie, mój ojciec już nie żyje. 7. Czy znasz (pan, pani zna) moją rodzinę? 8. Znam twoją (pana) żonę, twoich (pana) dwóch synów i twoją (pana) szwagierkę.

LESSON NINE

Exercise 1

1. Ktoś dzwonił do ciebie rano . . . Francuzka.
   Co ona chciała?
   Nie mówiła a ja się nie pytałem (-am).
2. Gdzie byłeś (-aś) wczoraj? Czekałem (-am) na ciebie.
   Przepraszam, nie wiedziałem (-am). Myślałem (-am), że miałem (-am) dzwonić do ciebie dzisiaj.
3. Gdzie jest Frank? Widziałeś (-aś) go?
   Tak, był tu. Rozmawialiśmy.
   Gdzie on jest teraz?
   Nie mógł czekać. Musiał iść do domu.
4. Cześć Maria! Dawno cię nie widziałem (-am).
   Chciałem (-am) dzwonić do ciebie wczoraj ale było za późno.
   Dobrze, że nie dzwoniłeś (-aś) – pracowałem (-am).
5. Słyszałem (-am), że ją znałeś (-aś).
   Tak, chodziliśmy (-łyśmy) do szkoły razem. Spotykaliśmy (-łyśmy) się od czasu do czasu.

LESSON TEN

Exercise 1

1. Nie lubię jechać/jeździć autobusem. 2. Czy rozmawiałeś z nimi?
3. Jedziemy na urlop z dziećmi. 4. Nie mogę pisać tym nowym
piórem. 5. Jechałem do Londynu z Barbarą.

LESSON ELEVEN

Exercise 1

1. Jak długo byłeś (-aś) w Anglii? 2. Byłem (-am) tam rok.
Studiowałem (-am) na uniwersytecie w Londynie. 3. Byliśmy (Byłyśmy) w Warszawie rok temu. Mieszkaliśmy (-łyśmy) w tym nowym
hotelu nad Wisłą. 4. W tym roku jeździliśmy (-łyśmy) po całej
Europie. 5. Byliśmy (-łyśmy) w Niemczech, w Austrii, na Węgrzech
i we Francji. 6. W zeszłym roku był w Stanach. W przyszłym roku
chce jechać do Związku Radzieckiego albo do Chin. 7. Czy wiesz
czy ona jest w domu? 8. Nie pamiętam czy ona jest w domu czy
nie. 9. Czy widziałeś (-aś) Warszawę przy świetle księżyca? 10. Nie,
ale zawsze myślę o tobie.

LESSON TWELVE

Exercise 1

1. Czekali (-ły) na ciebie. 2. Dlaczego nie przyszedłeś (przyszłaś)?
3. Wróciłem (-am) trzy dni temu. 4. Wyszła i kupiła butelkę wina.
5. Kogo pan (pani) zaprosił (-a) na kolację? 6. Nie pamiętam co
on powiedział. 7. Wszyscy pojechali do Hiszpanii. 8. Spotkaliśmy
(-łyśmy) się i rozmawialiśmy (-łyśmy) długo. 9. Czy pan, pani
przychodzi tu często? 10. Kiedy oni (one) wyjeżdżają/odjeżdżają?

LESSON THIRTEEN

Exercise 1

1. wróci. 2. będzie wiedział. 3. będzie robiła. 4. powie.
5. będziecie chcieli/chciały. 6. pojadą. 7. będą czekali. 8. będzie
mógł. 9. zapomnę, napiszę. 10. zadzwonicie.

LESSON FOURTEEN

Exercise 1

osiemnaście – trzydzieści dwa – sto dwanaście – dwieście jeden –
dziewięćset dziewięćdziesiąt dziewięć – pięć tysięcy czterysta – trzy
miliony, sto dwadzieścia tysięcy, trzysta siedem

sześć miesięcy; sto słów; miliony Polaków; było osiemset kobiet;
mam cztery tygodnie urlopu; dwóch studentów czekało/dwie studentki czekały; spotkałem (-am) kilku kolegów/kilka koleżanek.

Exercise 2

1. Ile państwo mają dzieci? 2. Mamy troje – dwóch synów i jedną
córkę. 3. Czy obaj idziemy/jedziemy czy ty idziesz/jedziesz sam?
4. Jestem ciekaw ile Witold ma lat? 5. On musi mieć prawie trzydzieści jeden lat. 6. Myślisz? Ja myślałem (-am), że on już skończył
czterdziestkę. 7. Wyjeżdżam za trzy i pół tygodnia. 8. Wrócę w po-
łowie miesiąca. 9. Mieszkają stąd ponad dwieście kilometrów. 10.
Może pan, pani jechać/pojechać albo piątką albo jedenastką.

LESSON FIFTEEN

Exercise 1

1. Dzisiaj jest zimniej niż wczoraj. 2. Im szybciej przyjdzie tym
lepiej. 3. Ona jest młoda, o wiele młodsza niż myślałem (-am).
4. Ten hotel jest tani, ten jest tańszy ale ten jest najtańszy. 5.
Dni(e) są coraz krótsze. 6. To jest najlepszy kraj ze wszystkich. 7.

Chcę spotkać się z panem, panią/z tobą jak najszybciej. 8. Mamy mniej więcej dwa tygodnie czasu. 9. Tutaj jest o wiele drożej. 10. Słyszałem (-am) jak/kiedy rozmawiałeś (-aś) z tą panią.

LESSON SIXTEEN

Exercise 1

1. Idź do sklepu, kup paczkę herbaty, funt masła i tuzin jajek. 2. Potrzebuję pieniędzy. Mam tylko drobne. Daj mi parę funtów. 3. Kiedy państwo spłacą długi? 4. Nie wiem. Zawsze brakuje nam pieniędzy. 5. Ceny zawsze idą w górę, nigdy w dół. 6. Powinna była wrócić wczoraj. 7. Będę musiał (-a) mu podziękować. 8. Niech pan (pani) idzie/pójdzie do biura podróży i kupi sobie bilet.

LESSON SEVENTEEN

Exercise 1

trzydziesty trzeci - sto siedemdziesiąty siódmy – dwieście sześćdzie- siąty pierwszy – siedemset dwudziesty piąty – osiemdzie- sięciotysięczny

Ona jest na pierwszym miejscu; mówię ci (panu, pani) po raz dziesiąty; dzisiaj jest pierwsza rocznica naszego ślubu; to jest moja piąta córka; jesteśmy tu po raz ostatni; jej pierwszy pobyt w Polsce był bardzo miły; dopiero co skończył trzeci rok na uniwersytecie.

Exercise 2

1. O szóstej dokładnie; około w pół do siódmej. 2. Między dwunastą a czternastą; za dwadzieścia pięć minut. 3. O ósmej wieczorem; przed dziesiątą. 4. Dwie i pół godziny temu; około siódmej trzydzieści rano. 5. Po godzinie trzeciej po południu; do dwudziestej trzeciej.

Exercise 3

My name is Krystyna Maczek. I'm a British citizen and live in London. I'm currently studying in Poland. I arrived in October, two months ago. This isn't my first visit. During the past years I used to come fairly often, usually in the summer, during the vacation, or in the winter and once I was (here) for the spring. This year I came (arrived) in the autumn. I have a scholarship for ten months, from October to July of next year. Time passes very quickly; the university vac. begins in a week. I'm planning to go skiing in (to) Zakopane.

LESSON EIGHTEEN

Exercise 1

1. Gdybym miał (-a) czas, poszedłbym (poszłabym) z tobą na kawę. 2. Gdyby pan napisał do mnie, spotkałbym (-abym) pana na lotnisku. 3. Gdybyśmy znali (-ły) francuski, pojechalibyśmy (-łybyśmy) do Paryża. 4. Gdybym wiedział (-a) o tym, pomógłbym (pomogłabym) ci. 5. Gdybyś chciał (-a), moglibyśmy (mogłybyśmy) się spotkać jutro.

LESSON NINETEEN

Exercise 1

1. Wsiadając do autobusu przypomniałem (-am) sobie, że nie mam pieniędzy. 2. Skończywszy (kiedy/gdy skończyłem-am) pracę poszedłem (poszłam) do domu. 3. Kiedy to mówiła przyszedł listonosz. 4. Czekaliśmy (-łyśmy) nie wiedząc czy pan, pani przyjdzie. 5. Zrobiłem (-am) to myśląc o tobie.

Exercise 2

1. Jak się pan, pani czuje? 2. Dlaczego twoja siostra się złości? 3. Jestem zmęczony (-a), muszę usiąść. 4. Nigdy tyle się nie śmiałem (-am) w całym życiu. 5. Zawsze się gubimy. 6. Kiedy on umarł /zmarł? 7. Uśmiechnęła się kiedy zobaczyła, że wy tu jesteście. 8. Nie rozpaczajmy! 9. Zobaczymy co będzie. 10. Przepraszam ale muszę jeszcze popracować.

LESSON TWENTY

Exercise 1

1. Pracująca kobieta (kobieta, która pracuje) nigdy nie ma czasu.
2. Widziałem (-am) jak szedł do domu. 3. Czy znasz tego faceta czytającego (który czyta) gazetę? 4. Czy wiesz, w którym hotelu on mieszka? 5. Listy są napisane. 6. Telefon jest zepsuty. 7. Czy ona jest ubrana? 8. Dlaczego pokój jest zamknięty? 9. Znalazła skradzione pieniądze/które były skradzione. 10. Czy pamiętasz, do którego kraju oni (one) pojechali (pojechały)?

VOCABULARY

Words relating to any of the following themes are in the lessons indicated and, except for the most common, have not been repeated in the general vocabulary.

Theme/Lesson number

Greetings/introductions
  Introduction, 1
House 3
Travel 4

Telephone 5,14
Family relations 6
Days of the week 6
Going places 6
Expressions of time 6,11
Countries/nationalities 7
Numbers/indefinite
  numbers 8,14,17
Body/how do you feel? 9
Occupations, professions 10
Directions 11
Street names, addresses 11

Clothing 13

Age/how old are you? 14
Distance, measurement,
  weight 14
Weather 14
How to express an opinion 15
Hotel 15
Money/how much? 16
Shops/food 16
The clock/what time is it? 17
Railway 17

Months/seasons/dates 17
Post office/letter writing 18
Government/administration 20
Points of the compass 20

The following is a guide to some Polish equivalents of common English words. Those requiring a fuller range of meanings for more advanced work should use a good bilingual dictionary.

All nouns are followed by their Gen. sing. ending. Gender is indicated only in cases of potential ambiguity. Nouns which appear only in the plural are indicated by (pl.). Verbs are given in the infinitive (Impf./Pf.). Peculiarities of declension or conjugation are identified throughout but where both Impf./Pf. deviate from the norm this information is given only in the case of the Impf. infinitive.

to be able to, can: móc (mogę
możesz)
about: około (G.); o(L.)
above: nad (A./I.)
accident: wypad|ek -ku
according to: według (G.)
acquaintance: zanajomy
-ego(m.) znajoma -ej (f.)
to get acquainted: poznawać/
poznać się
actor: aktor -a
actress: aktorka -i
to add: dodawać/dodać (3rd
person pl. dodadzą)
address: adres -u
to address: adresować/
zaadresować
to admit (to): przyznawać/
przyznać się(do+G.)
adult: dorosły-a-e
to advise: radzić/poradzić
afternoon: popołudnie n
again: znowu
to agree, consent: zgadzać/
zgodzić się
air: powietrze -a
airplane: samolot -u
airport: lotnisko -a
all, everyone: wszyscy,
wszystkie
all, everything: wszystko
almost: prawie
alone, oneself: sam-a-o
already (now): już
also: też(także)
although: chociaż (choć)/
mimo, że
always: zawsze
and: i

and/but: a
anger: gniew -u; złość -ci
to be angry, fume: złościć
(złoszczę, złościsz)/rozłościć
się
to be angry, sore: gniewać/
rozgniewać się
anniversary: rocznica -y
to answer: odpowiadać/
odpowiedzieć (-powiem,
-powiesz)
any kind: jakikolwiek
any one, whichever
one: którykolwiek
anyone, whoever: ktokolwiek
anything, whatever: cokolwiek
any time,
whenever: kiedykolwiek
anyway, in any case: zresztą
anywhere,
wherever: gdziekolwiek
apart from: oprócz (G.)
to apologise, beg pardon
(for): przepraszać/przeprosić
(-szę, -sisz) (za+A.)
to appear (look
like): wyglądać (Impf.)
to appear,
perform: występować/
wystąpić
to appear, seem: zdawać się
(Impf.)
(to make an) application:
(składać/złożyć) podanie -a
to make an appointment, date
(with): umawiać/umówić się
(z+Instr.)
to approach, draw
near: zbliżać/zbliżyć się

armchair: fotel -a
around, near: koło (G.)
arrival: przyjazd -u
to arrive (on
    foot): przychodzić/przyjść
    (-jdę, -jdziesz)
to arrive (by
    transport): przyjeżdżać/
    przyjechać (-jadę, -jedziesz)
art: sztuka -i
art gallery: galeria -i sztuki
artist: artysta -y(m.) artystka -i
    (f.)
to be ashamed (of): wstydzić
    się (Impf.) (+G.)
to ask, inquire (about): pytać/
    zapytać się (o+A.)
to ask, request (for): prosić
    (-szę, -sisz)/poprosić (o+A.)
as long as, while: dopóki
as soon as: jak/kiedy tylko
as well as: jak i
at (someone's house): u (G.)
at, on: na (L.)
at (time): o (L.)
at all: wcale
not at all: wcale nie
aunt: ciotka -i
author: autor -a(m.) autorka -i
    (f.)
autumn: jesień -ni (f.)
avenue: aleja -i
average: przeciętny-a-e

bad: zły-a-e; źle (adv.)
ball: piłka -i
ballet: balet -u
bank: bank -u
barely, hardly: zaledwie

to (have a) bath: kąpać (-pię,
    -piesz)/wykąpać się
bathroom: łazienka -i
to be: być
to beat, hit: bić (biję, -esz)/
    pobić
beautiful: piękny-a-e; pięknie
    (adv.)
beauty: piękność -ci
because: dlatego że, bo
to become, remain, stay:
    zostawać/zostać (-anę,
    -aniesz)
to become, get: robić/zrobić
    się, stawać/stać (-anę,
    -aniesz) się
bed: łóżko -a
bedroom: sypialnia -i
beer: piwo -a
before, by the time: zanim
before (time): przed (I.)
to beg pardon, be sorry
    (for): przepraszać/przeprosić
    (-szę, -sisz) (za+A.)
I'm sorry, excuse
    me: przepraszam
to begin: zaczynać/zacząć
    (-cznę, -czniesz)
beginning: począt|ek -ku
behind, beyond: za (I.)
to believe: wierzyć/uwierzyć
to belong to: należeć do (G.)
    (Impf.)
below: pod (I.)
benefit: korzyść -ci (f.)
beside, next to: obok (G.)
besides, apart from: (o)prócz
    (G.)
between: między (I.)

big, large: duży-a-e; dużo
(adv.)
birth: urodzenie -a
birthday: urodziny (pl.),
urodzin
black: czarny-a-e
blood: krew, krwi (f.)
blouse: bluzka -i
blue: niebieski -a-ie
(navy) blue: granatowy-a-e
bone: kość-ci (f.)
book: książka -i
to book
(something): zamawiać/
zamówić
border, frontier: granica -y
to be bored: nudzić/znudzić się
boring, (dull): nudny-a-e;
nudno (adv.)
to be born: rodzić/urodzić się
both: oba (m.+n.), obie (f.)
both . . . and . . .: i . . .i . . .
bottle: butelka -i
boy: chłop|iec -ca
bread: chleb -a
to break: łamać (-mię,
-miesz)/złamać
breakfast: śniadanie-a
breathless: zasapany-a-e
bright: jasny-a-e
to bring to mind,
recall: przypominać/
przypomnieć (-mnę -mniesz)
broken (= not
working): zepsuty-a-e
brother: brat a; pl. bracia,
braci
to build: budować/wybudować
bureau, office: urząd, urzędu

bus: autobus -u
(bus) stop: przystan|ek -ku or
-ka
but: ale
but/and: a
butter: masło-a
to buy: kupować/kupić
by (nearby): przy (L.)

cabaret: kabaret -u
cafe: kawiar|nia -ni
cake: ciastko -a
to call, cry out: wołać/zawołać
to be called: nazywać/nazwać
(-zwię, -zwiesz) się
can, to be able to: móc (mogę,
możesz) (Impf.)
can, one can, may: można +
inf.
capital (city): stolica -y
car: samoch|ód -odu
to care, take care
of: opiekować/zaopiekować
się (+I.)
to carry: nieść (niosę,
niesiesz); nosić (noszę,
nosisz)*
to carry, transport: wieźć
(wiozę, wieziesz); wozić
(wożę, wozisz)*

*Compare with iść; chodzić and
jechać; jeździć (Lesson 6)

cat: kot -a
central: centralny-a-e;
środkowy-a-e
central heating: centralne
ogrzewanie-a

centre (of a town): centrum
century: wiek -u
to be certain that: być pewien
(m.), pewna (f.), że
certainly: na pewno
chair: krzesło -a
change,
(transformation): zmiana -y
to change, exchange (e.g.
money): wymieniać/
wymienić
chap, bloke: facet -a
characteristic: charakterysty-
czny -a-e
cheap: tani -ia-ie; tanio (adv.)
cheerful: wesoły-a-e
cheese: ser -a
child: dziecko -a; pl. N./A./G.
dzieci
choice: wyb|ór -oru
to choose: wybierać/wybrać
(-biorę, -bierzesz)
christian name: imię, imienia
church: kości|ół -oła
cigarette: papieros -a
cinema: kino -a
city, town: miasto -a
to clamber up, on
to: wdrapywać/wdrapać (-ię,
-iesz) się na+A.
clever: mądry-a-e
climate: klimat -u
clock: zegar -a
close: bliski-a-ie; blisko (adv.)
to close: zamykać/zamknąć
(-nę, -niesz)
closed, out of
order: nieczynny-a-e
cloud: chmura -y

club: klub -u
coffee: kawa -y
cold: zimny-a-e; zimno (adv.)
colour: kolor -u
comfort=consolation: pociecha
-y
to be coming (to an
end): dobiegać/dobiec
(-biegnę, -biegniesz) (końca)
compartment: przedział -u
to complain: narzekać (Impf.)
completely: zupełnie
compose, put together:
składać/złożyć
concert: koncert -u
condition: warun|ek -ku
on condition that: pod
warunkiem, że
constantly: wciąż
contemporary: współczesny-a-e
contrary to: wbrew (D.)
(on the)
contrary: przeciwnie
conversation: rozmowa -y
to be convinced that: być
przekonany (-a), że
cook: kucharz -a(m.)
kucharka -i(f.)
cool, chilly: chłodny-a-e
corner: róg, rogu
corridor: korytarz -u
to cost: kosztować (Impf.)
to count, number: liczyć/
policzyć
country: kraj -u
in the countryside: na wsi
couple: para -y
a couple of: parę -u + G.
of course: oczywiście

cousin: kuzyn -a(m.)
kuzynka -i(f.)
crowd: tłum -u
to cry, weep: płakać (-czę,
-esz)/zapłakać
crying: płacz-u
cup: filiżanka -i
currently: obecnie

dance: zabawa-y
to dance: tańczyć/zatańczyć
dangerous, unsafe:
niebezpieczny-a-e
dark: ciemny-a-e
date: data -y
daughter: córka -i
day: dzień, dnia (m.); pl.
dni(e),dni
every day: co dzień
day after
tomorrow: pojutrze
day before
yesterday: przedwczoraj
dead, deceased: umarły-a-e
dear: drogi-a-ie: drogo (adv.)
death: śmierć -ci (f.)
debt: dług -u
delay: spóźnienie -a
delayed: opóźniony -a-e
to depart(on foot): odchodzić/
odejść (-jdę, -jdziesz)
to depart (by
transport): odjeżdżać/
odjechać (-jadę, -jedziesz)
departure: odjazd -u
to describe: opisywać/opisać
(-szę, -szesz)
to despair: rozpaczać (Impf.)
despite: mimo(+G.)

to die: umierać/umrzeć (umrę,
umrzesz)
difference: różnica -y
different, other: inny-a-e
difficult: trudny-a-e; trudno
(adv.)
difficulty: trudność -ci (f.); pl.
N./A./G. trudności
dinner, supper: kolacja -i
distance: odległość -ci (f.); pl.
N./A./G. odległości
distant: daleki -a-ie; daleko
(adv.)
to distinguish: wyróżniać/
wyróżnić
to do, make: robić/zrobić
doctor: doktor -a,lekarz -a
dog: pies, psa
door: drzwi (pl.), drzwi
to doubt: wątpić/zwątpić
dozen: tuzin -a
dress: sukienka -i
to dress (oneself): ubierać/
ubrać (ubiorę, ubierzesz)
(się)
to drink: pić (piję, pijesz)/
wypić
to drive (a car): prowadzić/
poprowadzić (samochód)
dubious, uncertain: niepewny
-a-e
dull: nudny -a-e; nudno (adv.)
during: podczas (G.)
ear: ucho -a; pl. uszy, uszu
early: wczesny -a-ie; wcześnie
(adv.)
to earn (money): zarabiać/
zarobić
earth: ziem|ia -i

east: wsch|ód -odu
easy: łatwy-a-e; łatwo (adv.)
to eat: jeść (jem, jesz; jedzą)/
   zjeść
egg: jajko -a
either . . . or: albo . . . albo
empty: pusty-a-e; pusto(adv.)
to enclose: łączyć/załączyć
end: koniec, końca
to end: kończyć/skończyć (się)
enemy: wróg, wroga
engaged, (busy): zajęty-a-e
enjoyably,
   pleasantly: przyjemnie
enormous: ogromny -a-e
enough: dosyć
entrance: wejście -a
envelope: koperta -y
even (also): nawet
evening: wiecz|ór -oru
every, each one: każdy-a-e
everyone: wszyscy, wszystkie
everything: wszystko
everything, all of
   something: wszyst|ek -ka-ko
   (+G.)
evidently: widocznie
exactly: dokładnie
examination: egzamin -u
excellent, superb: znakomity -a-e
exhibition: wystawa -y
exit: wyjście -a
expensive: drogi -a-ie; drogo
   (adv.)
to explain, translate:
   tłumaczyć/wytłumaczyć
to explain, clarify: wyjaśniać/
   wyjaśnić
eye: oko -a; pl. oczy, oczu

face: twarz -y
fact: fakt -u
to fall: padać/paść (padnę,
   -niesz)
family: rodzina -y
far, distant: daleki -a-ie;
   daleko (adv.)
far to/from: daleko do/od +
   G.
fashion: moda -y
fashionable: modny -a-e
fast: szybki-a-ie; szybko (adv.)
fat: gruby-a-e
father: ojciec, ojca
fault (e.g. my fault): wina -y
fear: strach -u
feature: cecha -y
to feel: czuć(czuję, -esz)/
   poczuć (się)
feeling: czucie -a
a few (of): kilka -u +G.
   (quite a) few: sporo (adv.)
film: film -u
to find (oneself): znajdować/
   znaleźć (znajdę -dziesz) (się)
finger: pal|ec -ca
to finish: kończyć/skończyć
first: pierwszy-a-e
first (of all): najpierw
fish: ryba -y
flat: mieszkanie -a
floor, storey: piętro -a
floor: podłoga -i
flu: grypa -y
to fly: lecieć (lecę, lecisz)/
   polecieć
foot: noga -i
football: piłka (-i) nożna (-ej)
for: dla (G.)

forbidden: wzbroniony-a-e
foreign, unfamiliar: obcy-a-e
foreigner: cudzoziem|iec -ca
   (m.)
   cudzoziemka -i(f.)
forest: las -u
to forget: zapominać/
   zapomnieć (-nę -nisz)
free: wolny-a-e
friend (close): przyjaciel -a
   (m.)
   przyjaciółka -i(f.)
friend, colleague: kolega -i(m.)
   koleżanka -i(f.)
from: od (G.)
from (out of place):z (G.)
frontier: granica -y
frost: mróz, mrozu
fruit: owoc -a; pl. (collective)
   owoce -ów
furniture: meble (pl.), mebli
   piece of furniture: meb|el -la
future: przyszłość -ci(f.);
   przyszły -a-e

garden: ogr|ód -odu
generation: pokolenie -a
gentleman (Mr): pan -a
to get, stand up: wstawać/
   wstać (wstanę -niesz)
to get on (in) to (e.g. a
   train): wsiadać/wsiąść
   (wsiądę, wsiądziesz)
   (do+G.)
to get off, out of: wysiadać/
   wysiąść (wysiądę,
   wysiądziesz) (z+G.)
girl: dziewczyna -y

to give: dawać/dać(3rd pers.
   pl. dadzą)
to give out, spend (e.g.
   money): wydawać/wydać
to be glad, rejoice: cieszyć/
   ucieszyć się
glasses: okulary (pl.), -ów
to go (on foot): iść (idę,
   idziesz)/pójść
to go (by transport): jechać
   (jadę, jedziesz)/pojechać
[*For other verbs of motion
   see Lessons 6 and 12]
God: Bóg, Boga
gold: złoto -a
golden: złoty-a-e
good, well: dobry -a-e; dobrze
   (adv.)
good, reliable: porządny-a-e
goodbye: do widzenia, do
   zobaczenia
say goodbye, bid
   farewell: żegnać/pożegnać
   (się)
to govern, rule: rządzić
   (Impf.)
government: rząd -u
grandfather: dziad|ek -ka
grandmother: babcia -ci
grateful: wdzięczny-a-e
great: wielki-a-ie
greatness, size: wielkość -ci
green: zielony-a-e
to greet (one another): witać/
   przywitać (się)
greetings: pozdrowienie -a
grey, dull: szary-a-e
grief: żal -u
ground: ziemia-i

guest: gość -cia (m.); pl.
  goście, gości

(a) hair: włos-a; pl. włosy -ów
half (of): pół (G.)
ham: szynka -i
hand: ręka -i; pl. ręce, rąk
handbag: torebka -i
to happen (3rd person only -
  see Lesson 20)
  dziać się (Impf.)
  stać się (Pf.)
  zdarzać/zdarzyć się
happiness, luck: szczęście -a
hardly, barely: zaledwie
to harm: szkodzić/zaszkodzić
  it doesn't matter: nie
  szkodzi
hat: kapelusz -a
to have to, must: musieć
  (muszę, musisz) + inf.
to have, be supposed to: mieć
  (mam, masz) + inf.
head: głowa -y
health: zdrowie -a
to hear: słyszeć/usłyszeć
hearing: słuch -u
heart: serce-a
heavy: ciężki -a-ie
height (of person): wzrost -u
height: wysokość -ci (f.)
help: pomoc -y (f.)
to help: pomagać/pomóc
  (pomogę, pomożesz)
helpful: pomocny-a-e
here: tu, tutaj
hers: jej
hi!: cześć!

high: wysoki -a-ie; wysoko
  (adv.)
his: jego
holiday: urlop -u
honest: uczciwy-a-e
hoof: kopyto -a
hope: nadzieja -i
to hope (that): mieć nadzieję
  (że)
horse: koń, konia; pl. konie,
  koni
hospital: szpital -u
hot: gorący-a-e; gorąco (adv.)
hotel: hotel -u
hour: godzina -y
house, home: dom -u
how: jak
how fast: jak prędko/szybko
how much, many: ile, ilu
however: jednak
humour, mood: humor -u
hundred: sto, stu
hunger: głód, głodu
hungry: głodny-a-e
to hurry: śpieszyć/pośpieszyć
  się (do+G.)
to hurt, ache: boleć (Impf.)
  (e.g. my leg hurts: boli mnie
  noga)
husband: mąż, męża

idea: pomysł -u
if: jeśli; gdyby (jakby) + cond.
if, whether: czy
ill: chory-a-e
to be ill: chorować/zachorować
immediately: natychmiast
important: ważny -a-e
in: w (L.)

incapable, unfit (to,
for): niezdolny -a-e (do
+G.)
incident, occurrence: wypad|ek
-ku
indeed, in reality: właściwie
indistinct, unclear: niewyraźny
-a-e
in front of: przed (L.)
instead of: zamiast (G.)
intelligent: inteligentny-a-e
to intend: zamierzać (Impf.)
interesting: ciekawy-a-e;
interesujący-a-e
to interest: interesować/
zainteresować
to be interested
in: interesować/
zainteresować się(+I.)
international: międzynarodowy
-a-c
to introduce
(oneself): przedstawiać/
przedstawić (się)
to invite: zapraszać/zaprosić
(-szę,-sisz)
island: wyspa -y
it: to; on, ona, ono (see
Lesson 2)
its: jego

to joke: żartować/zażartować
joy: radość -ci(f.); pl. N./A./
G. radości
to jump: skakać (skaczę, -esz)/
skoczyć (-ę, -ysz)
just (this moment): dopiero co

to keep, hold: trzymać/
potrzymać
key: klucz -a
to kick: kopać (kopię, -iesz)/
kopnąć (-nę, -niesz)
to kill: zabijać/zabić (-biję,
-bijesz)
kilogram: kilogram -a
kilometre: kilometr -a
king: król -a
to kiss: całować/pocałować
kitchen: kuchn|ia -ni
knee: kolano -a
knife: nóż, noża
to know (a fact): wiedzieć
(wiem, wiesz) (Impf.)
to know (how to): umieć
(umiem, umiesz) (Impf.)
to know (a person, place,
thing): znać (Impf.)
to know one another: znać się
(Impf.)
to get to know (one
another): poznać (się) (Pf.)

to lack, be short of
(something): brakować (3rd
pers. sing. only) + G.
a lack (of): brak -u (+G.)
lady (Mrs/Miss): pani, pani
lake: jezioro -a
lamp: lampa -y
language: język -a
large: duży-a-e; dużo (adv.)
last: ostatni -ia-ie
to last, continue: trwać/
przetrwać

late: późny-a-e; późno (adv.)
until late: do późna
late, delayed: opóźniony-a-e
to be late (for): późnić/spóźnić
się (na+A.)
lately, recently: ostatnio
to laugh: śmiać(śmieję, -jesz)/
zaśmiać się
law: prawo-a
lazy: leniwy-a-e
to lead: prowadzić/
poprowadzić
to learn (something): uczyć/
nauczyć się (+G.)
left: lewy-a-e; lewo (adv.)
leg: noga -i
length: długość -ci (f.)
less: mniej
lesson: lekcja -i
letter: list -u
to lie (recline): leżeć (-ę, -ysz.)/
poleżeć
to lie down: kłaśc (kładę,
kładziesz)/położyć (-ę, -ysz)
się
to lie, tell lies: kłamać (-mię,
-miesz)/skłamać
life: życie -a
lift: winda -y
light: światło -a; L. świetle
light: lekki -a-ie
likeable, pleasant
(person): sympatyczny -a-e
to like: lubić/polubić
lip: warga -i
to list: spisywać/spisać (-szę,
-szesz)
to listen (to): słuchać/
posłuchać (+G.)

listener: słuchacz -a
litre: litr -a
little: mały-a-e; mało(adv.)
little (of): mało (G.)
a little (bit): trochę (G.)
live, alive: żywy-a-e
to live, be alive: żyć (żyję,
żyjesz) (Impf.)
to live, reside: mieszkać
(Impf.)
loaf: bochen|ek -ka
long: długi-a-ie; długo (adv.)
how long: jak długo?
long ago: dawno
to long for: tęsknić (Impf.)
za+I.
to look (at): patrzyć/popatrzyć
się (na+A.)
to look for: szukać/poszukać
(G.)
to lose (oneself): gubić/zgubić
(się)
loss: zguba -y
lot of: dużo (G.)
love: miłość -ci (f.)
to love: kochać (Impf.)
to be in love: kochać się
(Impf.)
to fall in love (with): zakochać
się (Pf.) (w+L.)
low: niski -a -ie
luggage: bagaż -u
lunch: obiad -u

mainly: przeważnie
to make: robić/zrobić
to make a date (with
someone): umawiać/umówić
się (z+I.)

man: mężczyzna -y
man, human being, person:
    człowiek -a
manner, means: spos|ób-obu
many (much): wiele -u
    not many (much): niewiele
    -u
    so many (much): tyle -u
map: mapa-y
market place: ryn|ek -ku
marriage: małżeństwo -a
to marry (of a man): żenić/
    ożenić się
to marry (of a woman):
    wychodzić /wyjść (wyjdę,
    wyjdziesz) za mąż
mass, large number: masa-y
to mean, signify: znaczyć
    (Impf.)
measure: miara -y
meat: mięso -a
medicine: lekarstwo -a
to meet (one
    another): spotykać/spotkać
    (się)
middle: środ|ek -ka; środkowy
    -a -e
midnight: północ -y (f.)
mild: łagodny-a-e
mile: mila -i
milk: mleko -a
million: milion -a
minute: minuta -y
mirror: lustro -a
to be missing, short
    of: brakować (3rd pers. sing.
    only) + G.
mistake: pomyłka -i

to be mistaken, make a
    mistake: mylić/pomylić się
moderate: umiarkowany -a-e
modern: nowoczesny -a-e
moment: chwila -i
    one moment: chwileczkę
money, coin: pieniądz -a; pl.
    (collective) pieniądze,
    pieniędzy
month: miesiąc -a; pl.
    miesiące, miesięcy
moon: księżyc-a
more: więcej
more or less: mniej więcej
morning: rano -a
    in the morning: rano
mother: matka -i
mountain: góra -y
mouth: usta (pl.), ust
to move (something): ruszać/
    ruszyć
Mr; pan -a
Mrs/Miss: pani, pani
Mr and Mrs: państwo -a
much: dużo (G.)
to mumble: mruczeć (-ę, -ysz)/
    mruknąć (-nę, -niesz)
museum: muzeum; pl muzea
    -ów
must: musieć (muszę, musisz)
    one must: trzeba + inf.
my, mine: mój, moja, moje

name: nazwisko -a
christian name: imię, imienia;
    pl. imiona, imion
name day: imieniny (pl.),
    imienin

to narrate,
  recount: opowiadać/
  opowiedzieć (-wiem, -wiesz)
nation: nar|ód -odu
nationality: obywatelstwo -a
naturally: naturalnie
near: bliski -a-ie; blisko (adv.)
near, close (to/from): blisko
  (do/od) +G.
(it is) necessary: trzeba + inf.
neck: szyja -i
to need, have need
  of: potrzebować +G.
neither. . . nor: ani . . . ani
never: nigdy
never more: nigdy więcej
new: nowy -a-e
New Year: Nowy Rok
news: wiadomość -ci (f.); pl.
  N./A./G. wiadomości
newspaper: gazeta -y
next: następny -a-e
nice: ładny-a-e
night: noc -y (f.); pl. noce, nocy
no: nie
nobody, no one: nikt, nikogo
  no one more: nikt więcej
no longer: już nie
noon: południe -a
normal: zwyczajny-a-e
normally: zwykle
north: północ -y (f.)
nose: nos -a
not: nie
not any: żad|en -na-ne
not one: ani jed|en -na -no
nothing: nic
nothing more: nic więcej

now: teraz
number: numer -u

to observe, comment: zrobić
  (Pf.) uwagę
to obtain: otrzymywać/
  otrzymać
occupation, profession: zaw|ód
  -odu
occupied: zajęty -a-e
to occupy, busy
  oneself: zajmować/zająć
  (zajmę, zajmiesz) się
office: biuro -a
often: często
old: stary -a-e; staro (adv.)
old age: starość -ci (f.)
on: na (L.)
once: raz -u
once more: jeszcze raz
once, as soon as: jak/kiedy
  tylko
only: tylko
to open: otwierać/otworzyć
  (się)
opera: opera -y
opinion: zdanie -a
opposite (=
  location): naprzeciwko (G.)
or: albo
orange
  (colour): pomarańczowy-a-e
order: porząd|ek -ku
to order: zamawiać/zamówić
out of order: nieczynny -a-e
ordinary: zwyczajny-a-e
origins: pochodzenie -a
other: inny-a-e

ought to, should: powinienem
(m.), powinnam (f.) +inf.;
trzeba +inf.
ours: nasz-a-e
out of (a place): z (G.)
over: nad (I.)
to owe: być winien (m.),
winna (f.)
own (one's own): swój, swoja,
swoje

page: strona -y
pain, ache: ból -u
painter: malarz -a
paper: papier -u
parcel: paczka -i
parents: rodzice (pl.), -ów
park: park -u
party: parti|a -i
to pass, hand over,
serve: podawać (-daję,
-dajesz)/podać (am, -asz)
to pass by: mijać/minąć (-nę,
-niesz)
passenger: pasażer-a (m.)
pasażerka -i (f.)
passport: paszport-u
past: przeszłość -ci (f); przeszły
-a-e
to pay (for): płacić/zapłacić (za
+A.)
peace, calm: spok|ój -oju
pen: pióro -a
pencil: ołów|ek -ka
people: ludzie (pl.), ludzi
pepper: pieprz -u
perhaps: może
period: okres-u

permission: pozwolenie -a
it is permitted: wolno + inf.
person, man, human being:
człowiek -a
person: osoba -y
photograph: fotografia -i,
zdjęcie -a
to photograph: fotografować/
sfotografować
piece: kawał|ek -ka
place: miejsce -a
to plan (to go
somewhere): wybierać/
wybrać (-biorę, -bierzesz) się
(do +G.or na+ A.)
plan: plan -u
platform: peron -u
to play, amuse oneself: bawić/
zabawić się
plea, request: prośba -y
pleasant: miły-a-e; miło (adv.)
pleasantly,
agreeably: przyjemnie
please: proszę
pleased, satisfied: zadowolony
-a-e
poet: poeta -y
poor: biedny-a-e
position, post: posada -y
position, situation: położenie -a
possibility: możliwość -ci (f.);
pl. N./A./G. możliwości
possible: możliwy-a-e
to post (e.g. a
letter): nadawać/nadać
postcard: pocztówka -i;
(picture
postcard): widokówka -i

postman: listonosz -a
post office: poczta -y
pound (weight or money): funt -a
to pour (of rain): lać (leję, lejesz) (Impf.)
to pour (tea, etc.): nalewać/ nalać (-leję, -lejesz)
practically: prawie
to praise (oneself): chwalić/ pochwalić (się)
to prefer: woleć (-ę, -isz) (Impf.)
present, gift: prezent -u
present: teraźniejszość -ci (f.)
to pretend: udawać/udać
pretty: ładny-a-e
previous: poprzedni -ia-ie
price: cena-y
probably: chyba
problem: problem -u
professor: profesor -a
proverb: przysłowie -a
to publish: wydawać/wydać

to quarrel: kłócić/pokłócić się
quarter: ćwierć -ci (f.); pl. N./ A./G. ćwierci
queen: królowa -ej
quickly: szybko
quite, enough: dosyć

radio: radio -a
railway: kolej -i
rain: deszcz -u
    it's raining: pada deszcz
rarely (hardly ever): rzadko (kiedy)

to reach, get to somewhere (on foot): dochodzić/dojść (-jdę, -jdziesz)
to reach (by transport): dojeżdżać/ dojechać (-jadę, -jedziesz)
to reach (for): sięgać/sięgnąć (-nę, -niesz) (po+A.)
to read: czytać/przeczytać
real, authentic: autentyczny-a -e
really?: naprawdę?
to recall, recollect: przypominać/ przypomnieć (-nę, -nisz) (sobie)
to receive: otrzymywać/ otrzymać
recently: ostatnio
to recognise, get acquainted: poznawać/ poznać
to recount, narrate: opowiadać/ opowiedzieć (-wiem, -wiesz)
red: czerwony -a-e
to regret, be sorry: żałować/ pożałować
to remain, stay; become: zostawać/zostać (-anę, -aniesz)
to remember: pamiętać/ zapamiętać
to reply, answer: odpowiadać/ odpowiedzieć (-wiem, -wiesz)
to reply, write back: odpisywać/odpisać (-szę, -szesz)

to reserve: rezerwować/
zarezerwować
respect, esteem: szacun|ek -ku
rest (the remainder): reszta -y
to rest: odpoczywać/odpocząć
(-cznę, -czniesz)
restaurant: restauracja -i
to return (from): wracać/
wrócić (z+G.)
to return, give back: oddawać/
oddać
return: powr|ót -otu
to rewrite: przepisywać/
przepisać (-szę, -szesz)
rich: bogaty -a-e
right: prawy-a-e; prawo (adv.)
to ring, call up
(someone): dzwonić/
zadzwonić (do+G.)
river: rzeka -i
road: droga -i
room: pok|ój -oju
room (space, place): miejsce
-a
to rule: rządzić (Impf.)
to run (of a bus,
tram): kursować (Impf.)

sad: smutny-a-e
salt: sól, soli (f.)
sandwich: kanapka -i
school: szkoła -y
scissors: nożyce (pl.), nożyc
sea: morze -a
season of the year: pora
(-y) roku
seat: siedzenie -a
second: drugi -a-ie

to see: widzieć (-dzę, -dzisz)/
zobaczyć (-ę, -ysz)
seem(that): zdawać się (Impf.)
(że)
to send (e.g. a letter): wysyłać/
wysłać (wyślę, -esz)
sentence: zdanie -a
seriously, gravely: poważnie
to serve, hand over: podawać/
podać
several: kilkanaście, kilkunastu
+G.
severe: groźny-a-e
to shake one's head: kiwać/
pokiwać głową
shame: wstyd -u
shirt: koszula -i
shoe: but -a
shop: sklep -u
shopping: zakupy (pl.), -ów
to go shopping: iść na
zakupy
short: krótki -a-ie; krótko
(adv.)
shortage (of): brak -u (+G.)
should, ought to:
powinienem (m.),
powinnam(f.) +inf., trzeba
+ inf.
to shout: krzyczeć (-ę, -ysz)/
krzyknąć (-nę, -niesz)
to show: pokazywać/pokazać
(pokażę, -esz)
sick: chory-a-e
to be sick: chorować/
zachorować
side: strona -y
sight: widzenie -a

to sign: podpisywać/podpisać
(-szę, -szesz)
signature: podpis -u
silver: srebro -a
since: ponieważ
to sing: śpiewać/zaśpiewać
sister: siostra -y
to sit, be seated: siedzieć/
(-dzę, -dzisz)/posiedzieć
to sit down: siadać/siąść (siądę,
-dziesz)
to be situated: znajdować/
znaleźć (znajdę, -dziesz) się
situation (position): położenie
-a
skirt: spódnica -y
to sleep: spać (śpię, śpisz)
(Impf.)
slow, slowly: wolno, powoli
small: mały-a-e; mało (adv.)
small (of height): niski -a-ie
to smile, give a
smile: uśmiechać/uśmiechnąć
(-nę, -niesz) się
to smoke: palić/zapalić
snow: śnieg -u
so (= then): więc
so so: jako tako
soap: mydło -a
so-called: tak zwany-a-e
soldier: żołnierz-a
some kind of: jakiś -aś -ieś
someone: ktoś
something: coś
some time, one day: kiedyś
sometimes: czasem
son: syn -a
sorrow, grief: żal -u
soup: zupa -y

south: południe -a
to speak, say: mówić/
powiedzieć (-wiem, -wiesz)
to spend (money): wydawać/
wydać (3rd pers. pl.
wydadzą)
to spend (time): spędzać/
spędzić
in spite of: mimo to (A.)/tego
(G.)
to spoil: psuć (psuję, -esz)/
zepsuć
spring: wiosna -y
square: plac -u
to squeeze: ściskać/ścisnąć
(-nę, -niesz)
stairs: schody (pl.), -ów
stamp: znacz|ek -ka
to stand: stać (stoję, stoisz)/
postać
to stand, get up: wstawać/
wstać (-anę, -aniesz)
state, country: państwo-a
station (railway): dwo|rzec -rca
(kolejowy -ego)
stay: pobyt -u
to stay (e.g. at a
hotel): zatrzymywać/
zatrzymać się (w+L.)
to steal: kraść (kradnę, -niesz)/
skraść
still, yet: jeszcze
not yet: jeszcze nie
stop (for buses or
trams): przystan|ek -ku or
-ka
to stop, come to a
stop: stawać/stanąć (-nę,
-niesz)

straight away, in a
moment: zaraz
strange, odd: dziwny-a-e
street: ulica -y
strength: siła -y
strongly: mocno
student: student -a(m.)
studentka -i (f.)
to study: studiować (Impf.)
stupid, silly: głupi-a-ie; głupio
(adv.)
to submit an application:
składać/złożyć podanie
suddenly: nagle
sugar: cuk|ier -ru
suit: ubranie -a
suitcase: walizka -i
summer: lato -a
sun: słońce -a
surname: nazwisko -a
surprise: niespodzianka -i
sweater: swet|er -ra

table: stół, stołu
tail: ogon -a
to take: brać (biorę, bierzesz)/
wziąć (wezmę, weźmiesz)
to talk, converse: rozmawiać/
porozmawiać
tall, high: wysoki -a-ie; wysoko
(adv.)
taxi: taksówka -i
tea: herbata -y
teacher: nauczyciel -a(m.)
nauczycielka -i (f.)
telegram: telegram -u
telephone: telefon -u
to telephone, call up:
telefonować/zatelefonować

television: telewizja -i
television set: telewizor -a
to tell: mówić/powiedzieć
(-wiem, -wiesz)
temperature: temperatura -y
text: tekst -u
than: niż (+ N.), od (+ G)
to thank: dziękować/
podziękować
thanks to: dzięki (D.)
that one(there): tamt|en -a-o
theatre: teatr -u
their(s): ich
then/later: potem
then, at that time: wtedy
there: tam
there is, are/isn't, aren't: jest,
są/nie ma
thick: gruby-a-e
thin: cienki-a-ie
thing: rzecz -y(f.); pl. N./A./G.
rzeczy
to think: myśleć (-ę, -isz)/
pomyśleć
third: trzeci-ia-ie
this, that: ten, ta, to
this, that, it (impers.): to
thousand: tysiąc-a; pl. tysiące,
tysięcy
ticket: bilet -u
time: czas -u
from time to time: od czasu
do czasu
by the time: zanim
to be on time (for): zdążać/
zdążyć (na+A)
tired: zmęczony-a-e
to: do(G.); na (A.)

today: dzisiaj
 from today: od dzisiaj
together: razem
together with: razem/łącznie
 z (I.)
tomorrow: jutro -a
tongue: język -a
too (much): za (dużo)
tooth: ząb, zęba; pl. zęby -ów
to touch: dotykać/dotknąć
 (-nę, -niesz)
to tour, visit: zwiedzać/zwiedzić
tourist: turysta -y
towards: ku (D.); w stronę
 (G.)
town, city: miasto -a, Loc.
 mieście
toy: zabawka -i
train: pociąg -u
to translate: tłumaczyć/
 przetłumaczyć
to travel: podróżować(Impf.)
trousers: spodnie (pl.), spodni
truth, true: prawda -y
to turn (into): skręcać/skręcić
 (w+A.)
to turn around: odwracać/
 odwrócić się
type: typ -u

ugly: brzydki -a-ie
umbrella: parasol -a(f.)
uncle: wuj|ek -ka
under: pod(I.)
to understand: rozumieć(-iem,
 -iesz)/zrozumieć
unfortunately: niestety
unhappy,
 unfortunate: nieszczęśliwy-a
 -e

to unite: łączyć/złączyć się
university: uniwersytet -u
until: dopóki nie; do (G.)
until, right up to: aż do (G.)
upset, to get upset:
 denerwować/zdenerwować
 się
(to go) upstairs: iść/pójść na
 górę
up(wards): do góry
usually: zwykle
 as usual: jak zwykle

vacation: wakacje (pl.),
 wakacji
 school, university vac.: ferie
 (pl.), ferii
variety: różnorodność -ci (f.)
very: bardzo
(in the) vicinity of: w pobliżu
 (G.)
village: wieś, wsi (f.); pl.
 wsi(e), wsi
to visit, tour: zwiedzać/
 zwiedzić
visit: wizyta -y
vodka: wódka -i

to wait (for): czekać/zaczekać
 (na+A.)
waiting room: poczekalnia -ni
walk: spacer -u
wall: ściana -y
to want, wish: chcieć (chcę,
 -esz)/zechcieć
warm: ciepły -a-e
to wash (oneself): myć (myję,
 -esz)/umyć (się)
to wash (clothes): prać (piorę,
 pierzesz)/wyprać

watch: zegar|ek -ka
to watch (e.g. TV): oglądać/
    obejrzeć (-ę, -ysz)
to wave (a hand): machać/
    machnąć (-nę, -niesz) (+I.)
weak: słaby-a-e; słabo (adv.)
weapon, arms: broń -ni (f.)
weather: pogoda -y
week: tydzień, tygodnia (m.):
    pl. tygodnie, tygodni
    every week: co tydzień
weekend: weekend -u
to weigh: ważyć/zważyć
weight: waga -i
well, good: dobrze (adv.)
west: zach|ód -odu
what: co
what a: co za; jaki-a-ie
what, what kind of, what . . .
    like: jaki-a-ie
whatever, anything: cokolwiek
when: kiedy
whenever, any
    time: kiedykolwiek
where: gdzie
    from where: skąd
    to where: dokąd
wherever: gdziekolwiek
whether, if: czy
which (one): który-a-e
whichever one, any
    one: którykolwiek
while: (do)póki
white: biały-a-e
who: kto
whoever, anyone: ktokolwiek
whole: cały-a-e
whose: czyj -a-e
why: dlaczego
wife: żona -y

wind: wiatr -u
window: okno -a
wine: wino -a
wing: skrzydło -a
winter: zima -y
wish: życzenie -a
to wish: życzyć/pożyczyć
to wish well, give regards:
    pozdrawiać/pozdrowić
with: z (I.)
without: bez (G.)
with the exception of: z
    wyjątkiem (G.)
woman: kobieta –y
to wonder whether: być
    ciekawy (-a) czy
word: słowo -a
to work: pracować/popracować
work: praca -y
world: świat -a, Loc. świecie
to worry: martwić/zmartwić się
to write: pisać (piszę, -esz)/
    napisać
to write down, record:
    zapisywać/zapisać

year: rok -u; pl. lata, lat
    every year: co roku
yellow: żółty-a-e
yes: tak
yesterday: wczoraj
you (casual): ty (sing.); wy
    (pl.)
you (formal) man/men: pan/
    panowie
    woman/women: pani/panie
    ladies and gentlemen:
    państwo

young: młody-a-e; młodo
(adv.)
your(s) (casual sing.): twój,
twoja, twoje

(casual pl.): wasz-a-e
(formal): pana/pański -a-ie
(m.), pani (f.), państwa
(m.+ f.)

1999 Ø
95
11

regel ung
odnośnie jutro

vitelci fix, arrange, plan